LERNEN

lerntechniken –
arbeitsmaterialien
und ideen für
den unterricht

REINHARD SCHMITT-HARTMANN

offener unterricht

Ernst Klett Verlag
stuttgart düsseldorf leipzig

Ausschließlich zur besseren Lesbarkeit der Texte wurden statt der Formulierungen „Schülerinnen und Schüler" bzw. „Lehrerinnen und Lehrer" überwiegend die Formulierungen „Schüler" und „Lehrer" gewählt.

1. Auflage A 1 ⁵ ⁴ ³ ² | 2007 2006 2005 2004 2003

Alle Drucke dieser Auflage können im Unterricht nebeneinander benutzt werden, sie sind untereinander unverändert. Die letzte Zahl bezeichnet das Jahr dieses Druckes.
© Ernst Klett Verlag GmbH, Stuttgart 2003.
Alle Rechte vorbehalten.
Internetadresse: http://www.klett-verlag.de

Redaktion: Eva Göhner
Umschlaggestaltung: KOMA AMOK® Kunstbüro für Gestaltung, Stuttgart
Umschlagfoto: Getty Images (Robb), München
Illustrationen: Matthias Hütter, Schwäbisch Gmünd
Reproduktion: Meyle + Müller, Medien-Management, Pforzheim
Druck: **Gutmann** + Co. GmbH, 74388 Talheim

ISBN 3-12-720018-8

Inhaltsverzeichnis

Einleitung 5

I Gedächtnis, Merktechniken und Vokabellernen 8

Gedächtnis und Merktechniken 9
1 Mit allen Sinnen lernen (E) 9
2 Mit dem Gedächtnis punkten (E) 11
3 Wörter lernen (E) 15
4 Assoziationstechnik 17
5 Merkgeschichte 18
6 Wörter-Gedächtnis-Genie 20
7 Zahlen-Gedächtnis-Genie 22
8 Merkposter 23
9 Loci-Technik (S) 24
10 Das kann man vergessen! 27

Vokabellernen 29
11 Vokabel-Lerntipp-Mix (E) 29
12 Lernkarteikasten (E) 33
13 Bilder-Vokabellernen 36

Ideen für den Unterricht 37
Unter- und Mittelstufe 37
Mittel- und Oberstufe 38

II Hausaufgaben, selbstständiges Arbeiten 39

Erledigung der Hausaufgaben 40
1 Mein Lerntipp (E), (S) 40
2 Checkliste: Hausaufgaben (E) 43
3 Lernleistungskurve (E) 45
4 Konzentrationstest I: Lernphasen (E) 48
5 Konzentrationstest II: Pausen 51
6 Mein bester Arbeitsplatz I 53
7 Mein bester Arbeitsplatz II 53
8 Lexikon-Spiel (S) 55
9 Gruppen-Lexikon-Spiel (S) 59
10 Organisation einer Lerngruppe 64

Planung der Hausaufgaben 66
11 Zeit ist nicht gleich Zeit (E) 66
12 TOP-10 des Tages (E) 67
13 Hausaufgabenheft I 69
14 Hausaufgabenheft II 71

Ideen für den Unterricht 72
Unter- bis Mittelstufe 72
Mittel- und Oberstufe 74

III Prüfungs- und Klassenarbeitsvorbereitung 76

Vor einer Klassenarbeit 77
1 Prüfungs-Check (E) 77
2 Wiederholungsrallye 79
3 Wir basteln uns eine Klassenarbeit 81
4 „Dumme Fragen" erwünscht 82
5 Lehrer-Spiel 83
6 Spickzettel als Prüfungsvorbereitung 84
7 Wege aus dem Misserfolgskreislauf 85

Während einer Klassenarbeit 86
8 Sicherheitstipps für Klassenarbeiten 86
9 Leistungstest 88

Nach einer Klassenarbeit 91
10 Fehlerstatistik 91

Mündliche Prüfungen 93
11 Regeln für mündliche Prüfungen 93
12 Allein gegen alle 95

Ideen für den Unterricht 97
Unter- und Mittelstufe 97
Oberstufe 98

IV Lerntechnik-AG 100

Das Lernen auf dem Prüfstand 102
Rückmeldung zur Lerntechnik-AG 103

V Literatur zum Lerntechnik-Unterricht 104

(E) = Übungen zum Einstieg
(S) = Übungen mit überwiegend spielerischem Charakter

Einleitung

Lernen soll Spaß machen! Lernen soll Freude bereiten! Lernen soll erfolgreich sein! Diese und ähnliche Forderungen werden immer häufiger an Lehrerinnen und Lehrer herangetragen. Womit sich die Frage stellt: Kann denn Lernen überhaupt Spaß machen? Für die meisten Schülerinnen und Schüler ist dies sicher keine echte Frage, denn die Antwort scheint klar: „Nein, Lernen macht keinen Spaß!" Und wenn wir – Eltern und Lehrer – ehrlich sind und an unsere eigene Schulzeit zurückdenken, so hat sich der Spaß auch bei unserem Lernen durchaus in Grenzen gehalten. Ist das Lernen demnach also der mühselige, aber notwendige Preis für gute Ergebnisse in der Schule und im Beruf?

Dass wir diese Schlussfolgerung so nicht stehen lassen können, zeigen mitunter gerade diejenigen, die sich am allermeisten über das Lernen beklagen: die Schülerinnen und Schüler selbst. Durch ihre Fragen „Wie geht das?", „Warum ist das so?" kommt ihr durch die eigene Neugierde motiviertes Bedürfnis zum Ausdruck, sich über Unbekanntes Klarheit zu verschaffen. Dieses Erforschen und Aneignen von neuem Wissen, welches durchaus mit Freude und Spaß verbunden sein kann, ist nichts anderes – auch wenn da Schülerinnen und Schüler gelegentlich ganz anderer Meinung sind – als Lernen.

Das Lernen ist ein Urbedürfnis des Menschen und somit auch ein wesentlicher Prozess unseres Lebens. Wie ist es dann aber zu verstehen, dass sich dieses Lernbedürfnis unserer Schülerinnen und Schüler gerade auf Themen zu beziehen scheint, die in der Schule nicht gefordert werden, während es im Unterricht nur in geringem Maße zum Vorschein kommt?

Hier hat sich in vielen Fällen eine vermeintliche „Lernsättigung" eingestellt. Das Interesse, der Wunsch nach neuen Informationen kann durch eine Überflutung von Wissen verkümmern. Wer Informationen erhält, für die er keine Aufnahmebereitschaft besitzt, kann sich über diese nicht freuen. Vielmehr stört diese ungewollte Information in seinem Tun oder Denken. Dies wiederum führt leicht zu einer Abneigung gegenüber dem betreffenden Thema oder sogar gegenüber dem Mitteilenden, wie wir das manchmal auch ganz konkret in der Schule erleben können.

◆

Der Lerntechnik-Unterricht beschäftigt sich mit dem Vorgang des Lernens selbst. Im Unterricht werden neue Arbeitsweisen besprochen und der Zusammenhang zwischen Methode und Lernerfolg diskutiert. So kann der Schüler sein Lernverhalten auf seine individuellen Bedürfnisse abstimmen.

Der Schüler muss sich dabei bewusst sein, dass Lernhilfen keine Patentrezepte darstellen, mit denen sich das Lernen wie von selbst ergibt; sie bieten aber Möglichkeiten, das Lernen effektiver und damit erfolgreicher zu gestalten.

Dieser Lernprozess wird nicht immer ohne Schwierigkeiten vonstatten gehen. Das eigene Lernverhalten kritisch zu überdenken und ggf. zu korrigieren benötigt viel Zeit und Geduld. Schülerinnen und Schüler haben sich ihr Lernverhalten oft schon in jüngsten Klassen angeeignet. Es hat sich allerdings in vielen Fällen eher zufällig als gezielt gebildet. Gewohnte Lerntechniken müssen daher überdacht und auf ihre Wirksamkeit hin überprüft werden. In der Gruppe können die verschiedenen Erfahrungen, die mit den einzelnen Techniken gemacht wurden, zur Sprache kommen: Welche Techniken haben sich bewährt, welche müssen verworfen werden? Sehr oft entstehen in diesen Diskussionen neue Lernideen, die dann wieder von den Schülerinnen und Schülern auf ihre Tauglichkeit hin überprüft werden können. Je mehr sich die Schülerinnen und Schüler bei dieser Arbeit einbringen können, desto bereitwilliger werden sie die Lerntechniken aufnehmen. Lehrerinnen und Lehrer erhalten überdies einen Einblick in die Lernprobleme der Schülerinnen und Schüler und können so ihrerseits – soweit es möglich ist – diesen Schwierigkeiten entgegenwirken. Die Schule bietet hierzu eine günstige Umgebung. Hier kann die Lernentwicklung über einen längeren Zeitraum beobachtet und ihre Wirksamkeit in Bezug auf den schulischen Lernstoff direkt überprüft werden. Lerntipps können daher erst gar

Einleitung

nicht in der Theorie versanden, sondern müssen sich immer wieder an der Schulrealität messen.
Ganz nebenbei erfahren die Schülerinnen und Schüler im Lerntechnik-Unterricht auch, dass Lehrerinnen und Lehrer ihre Lernprobleme durchaus ernst nehmen und versuchen, diese gemeinsam mit ihnen zu beheben. Dies kann das Unterrichtsklima in erheblichem Maße verbessern. Unterricht kann somit wieder ein Stück mehr zu dem werden, was er eigentlich sein sollte: ein gemeinsames erfolgreiches Lernen, das Schülern und Lehrern Spaß macht!

◆

Im Folgenden werden Lerntechniken vorgestellt und erläutert, die sich im Lerntechnik-Unterricht bewährt haben. Die Übungen und Arbeitsblätter können isoliert in den laufenden Unterricht eingeflochten oder in einer festen Lerntechnik-Einheit eingesetzt werden.
Jede Übung wird einzeln vorgestellt und erläutert. Fast immer gibt es dazugehörige Kopiervorlagen, die sich auf der folgenden Seite befinden, sodass ein unnötiges Suchen vermieden wird.
Jede Beschreibung beginnt mit einer Kopfleiste, die der Lehrerin bzw. dem Lehrer einen schnellen Überblick bietet. Was die Kopfleiste im Einzelnen aussagt, erläutert das folgende Schema:

Kriterium	Einteilung	Symbol
Altersgruppe	Unter-, Mittel- und Oberstufe	
Zeitaufwand	in Minuten z. B.: 20–30 Min.	
Sozialform	Einzelarbeit	••••
	Kleingruppenarbeit	❖
	Anzahl der Gruppenmitglieder	z. B.: 4
	Gruppenarbeit / ganze Klasse	■
Lautstärke	leise, ruhig	💣
	lebhaft	💣💣
	laut	💣💣💣
Lerneffizienz	befriedigende Lerneffizienz	💡
	gute Lerneffizienz	💡💡
	sehr gute Lerneffizienz	💡💡💡
Beliebtheit	beliebt	☺
	sehr beliebt	☺ ☺
	äußerst beliebt	☺ ☺ ☺

Es liegt in der Natur einer solchen Zusammenstellung, dass nicht alle diese Angaben verbindlich sein können.

Übungen, die in der Überschrift mit einem (E) gekennzeichnet sind, bieten sich vorwiegend für den Einstieg in ein Thema an. In gleicher Form besitzen Übungen mit einem überwiegend spielerischen Charakter den Zusatz (S).

Damit sich Übungsblätter leichter zuordnen lassen, besitzt jede Kopiervorlage in der Kopfzeile eine zusätzliche Paragraphierung mit einem Kapitelbuchstaben und der Übungsnummer.

Im letzten Abschnitt der Kapitel I bis III werden für verschiedene Altersgruppen mögliche Unterrichtsideen und -einheiten mit zugehörigen Tafelbildern vorgestellt. Sie sind als Hilfe für die Planung einer Lerntechnik-Einheit gedacht und können selbstverständlich durch andere Übungen beliebig ergänzt oder geändert werden.

In Kapitel IV werden Hinweise für die Durchführung einer Lerntechnik-AG gegeben. Neben den Vor- und Nachteilen unterschiedlicher Gruppengrößen wird hier auf Besonderheiten der verschiedenen Altersstufen eingegangen.

Eine Literaturliste mit empfehlenswerten Büchern zum Lerntechnik-Unterricht findet sich schließlich in Kapitel V.

„Kinder sind keine Fässer, die gefüllt, sondern Feuer, die entzündet werden wollen."
Rabelais

I Gedächtnis, Merktechniken und Vokabellernen

Auf den ersten Blick eignet sich das „Lernen zu lernen" nicht als Werbeslogan für zusätzliche Unterrichtsstunden. Zu Beginn des Lerntechnik-Unterrichts ergibt sich nämlich die Schwierigkeit, dass einige Schülerinnen und Schüler den Bereichen Schule, Lernen und Unterricht skeptisch gegenüberstehen und dass sie daher auch den Lerntechnik-Unterricht zunächst als zusätzliche und damit lästige (Mehr-)Arbeit ansehen.

Nun kann der Erfolg des Lerntechnik-Unterrichts aber nicht erzwungen werden. Erforderlich für sein Gelingen ist die innere Bereitschaft der Schülerin bzw. des Schülers, an ihm teilzunehmen. Nur wenn Schüler und Lehrer motiviert sind, können Lernideen und -anregungen positiv aufgenommen und dauerhaft angewendet werden.

Ein Grund für die gelegentliche Ablehnung neuer Arbeitsmethoden besteht darin, dass ihr Erlernen ausreichend Zeit benötigt. Neue Techniken sind zunächst ungewohnt und damit vorübergehend auch umständlicher und fehleranfälliger als vertraute Strategien. Um die Motivation der Schülerinnen und Schüler zu fördern, eignen sich als Einstieg daher Techniken, die eine vergleichsweise kurze Eingewöhnungsphase benötigen. Das Kapitel „Gedächtnis, Merktechniken und Vokabellernen" bietet solche Übungen. Hier können Schülerinnen und Schüler schnell erkennen, dass es oft nur kleine Lern-„Tricks" sind, mit denen sie ihr Lernen vereinfachen und ihre Merkleistung erheblich steigern können. Schülerinnen und Schüler erfahren, dass selbst die Gedächtniskünstler aus Funk und Fernsehen nur mit (auch für sie leicht zu erlernenden) Techniken arbeiten. Gerade diejenigen, die im Schulalltag nur selten Gelegenheit haben, ihr Können unter Beweis zu stellen, gewinnen so plötzlich die Möglichkeit, ihre Mitschüler, Lehrer oder Eltern durch ihre Leistungen zu verblüffen. Schon diese für einige Schülerinnen und Schüler neue Erfahrung rechtfertigt die Behandlung solcher Übungen.

Im Schulalltag lassen sich die Merktechniken vornehmlich auf den Teil des Lernstoffes anwenden, der aus Fakten besteht, die unkritisch auswendig gelernt werden müssen. Dies betrifft beispielsweise Vokabeln, aber auch Grund- und Fachbegriffe aus anderen Wissensgebieten.

Im ersten Abschnitt dieses Kapitels werden verschiedene Merktechniken vorgestellt. Als direkte Anwendung der Übungen wird im zweiten Teil ab Seite 29 das Vokabellernen besprochen.

Gedächtnis und Merktechniken

1 Mit allen Sinnen lernen (E)

Altersgruppe	Zeitaufwand	Sozialform	Lautstärke	Lerneffizienz	Beliebtheit
Unter- bis Oberstufe	20–45 Min.	■	💣	💡💡	☺☺

Übungsziel
Die Schüler sollen
- lernen, dass sich Informationen über verschiedene Lernkanäle aufnehmen lassen.
- erkennen, über welche Lernkanäle sie gut lernen können.

Material
1 Folie (Kopiervorlage auf Seite 10).

Beschreibung der Übung
Der Lehrer liest den Schülern im ersten Durchgang 15 Begriffe vor, die sich die Schüler merken sollen. (Eine Wörterliste befindet sich auf der folgenden Seite.) Nach einer anschließenden etwa zweiminütigen Ablenkphase (Kopfrechnen o. Ä.) sollen die Schüler die Begriffe aufschreiben, die ihnen noch einfallen.
Nach einer kurzen Pause folgen die weiteren Durchgänge. Wieder erhalten die Schüler 15 Begriffe, die sie nun aber jeweils über einen anderen Lernkanal aufnehmen:
- über das stille Lesen (15 Begriffe werden auf der Folie gezeigt),
- über das Sehen (15 Gegenstände werden etwa eine Minute gezeigt),
- über das Hören und über das Schreiben (15 Begriffe werden vorgelesen, die sich die Schüler auf einen Notizzettel aufschreiben),
- über das Hören und über das Zeichnen (15 Begriffe werden vorgelesen, die die Schüler auf einen Notizzettel zeichnen).

Bemerkungen
1. Die Lernkanäle lassen sich auch beliebig kombinieren. Daran lässt sich zeigen, dass die Merkfähigkeit mit der Anzahl der Lernkanäle steigt.
2. In der Regel haben die Schüler unterschiedliche Stärken bei den Lernkanälen. Während einige Schüler Informationen besser durch das Hören aufnehmen können, besitzen andere ihre Stärken beim Lesen. Es bietet sich somit an, im Anschluss an die Übung zu überlegen, wie die einzelnen Stärken beim Lernen berücksichtigt werden können.
3. Bei jüngeren Schülern empfiehlt es sich, die Ergebnisse der Übung grafisch in einem Diagramm darzustellen. Hierbei wird besonders gut deutlich, wo die Stärken der einzelnen Schüler liegen.
4. Um zu verhindern, dass das Ergebnis durch die Verwendung von Merktechniken verfälscht wird, sollte die Übung zu Beginn des Kapitels „Gedächtnis, Merktechniken und Vokabellernen" durchgeführt werden.

I Gedächtnis, Merktechniken und Vokabellernen G-01

Mit allen Sinnen lernen

Test 1: Hören	Test 2: ___	Test 3: ___	Test 4: ___	Test 5: Sehen
Stuhl	Fisch	Schule	Auto	
Eimer	Blatt	Glas	Bild	
Nadel	Stein	Ring	Reifen	
Banane	Decke	Uhr	Hammer	
Brot	Streichholz	Hose	Teppich	
Taschentuch	Katze	Roller	Bett	
Garten	Sattel	Poster	Vogel	
Schnabel	Teller	Staubsauger	Baum	
Wind	Nuss	Schlitten	Sonne	
Flur	Ofen	Faden	Badewanne	
Bohnen	Brief	Vase	Radio	
Hemd	Rahmen	Huhn	Milch	
Salat	Knopf	Brot	Münze	
Fahrrad	Tasche	Fenster	Blume	
Schere	Haus	Schild	Hund	

10   © Ernst Klett Verlag GmbH, Stuttgart 2003. Als Kopiervorlage freigegeben.

2 Mit dem Gedächtnis punkten (E)

Altersgruppe	Zeitaufwand	Sozialform	Lautstärke	Lerneffizienz	Beliebtheit
Unter- bis Oberstufe	10–15 Min.	■	💣💣	💡💡	☺☺

Übungsziel
Die Schüler sollen erkennen, dass das Auffassungsvermögen des Gedächtnisses ohne Merktechnik begrenzt ist.

Material
3 Folien (Kopiervorlagen auf den Seiten 12 bis 14).

Beschreibung der Übung
Der Lehrer zeigt den Schülern für Bruchteile einer Sekunde jeweils eine Abbildung mit einer Anzahl von Punkten. Anschließend sollen sie die Anzahl der Punkte nennen.

Im Einzelnen haben die Abbildungen die folgenden Anzahlen von Punkten:

Abbildung 1 auf Folie 1: 4 Punkte

Abbildung 2 auf Folie 1: 7 Punkte

Abbildung 3 auf Folie 2: 9 Punkte

Abbildung 4 auf Folie 2: 12 Punkte

Abbildung 5 auf Folie 3: 16 Punkte (geordnet)

Abbildung 6 auf Folie 3: 33 Punkte

Auf den ersten Abbildungen befinden sich nur wenige Punkte; die Schüler werden somit kaum Schwierigkeiten haben, die Aufgabe zu erfüllen. Mit zunehmender Anzahl der Punkte wird die Aufgabe allerdings deutlich schwieriger. Die Anzahl der Punkte lässt sich nur dadurch bestimmen, dass die Anordnung der Punkte für einen kurzen Moment im Gedächtnis gespeichert wird. (Das Bild schwingt nach.) Die Punkte werden also erst gezählt, wenn die Abbildung nicht mehr zu sehen ist.
Dieses Verfahren lässt sich allerdings nur durchführen, wenn die Anzahl der Punkte nicht zu hoch liegt. 12 Punkte lassen sich in der kurzen Zeit meist nur noch erraten – die Aufnahmefähigkeitsgrenze des Gedächtnisses ist erreicht. Die Aufnahmefähigkeitsgrenze lässt sich jedoch durch geeignete Gruppierungen erhöhen; die Anzahl der Punkte der Abbildung 5 auf Folie 3 lässt sich problemlos bestimmen, da sie in einer sofort erkennbaren Ordnung angeboten wird.
Die letzte Abbildung mit 33 Punkten zeigt den Schülern, dass eine viel zu schwierige Aufgabe leicht zur Resignation führt. Bei der großen Anzahl der Punkte versuchen sie erst gar nicht, die Anzahl der Punkte zu bestimmen.

I Gedächtnis, Merktechniken und Vokabellernen

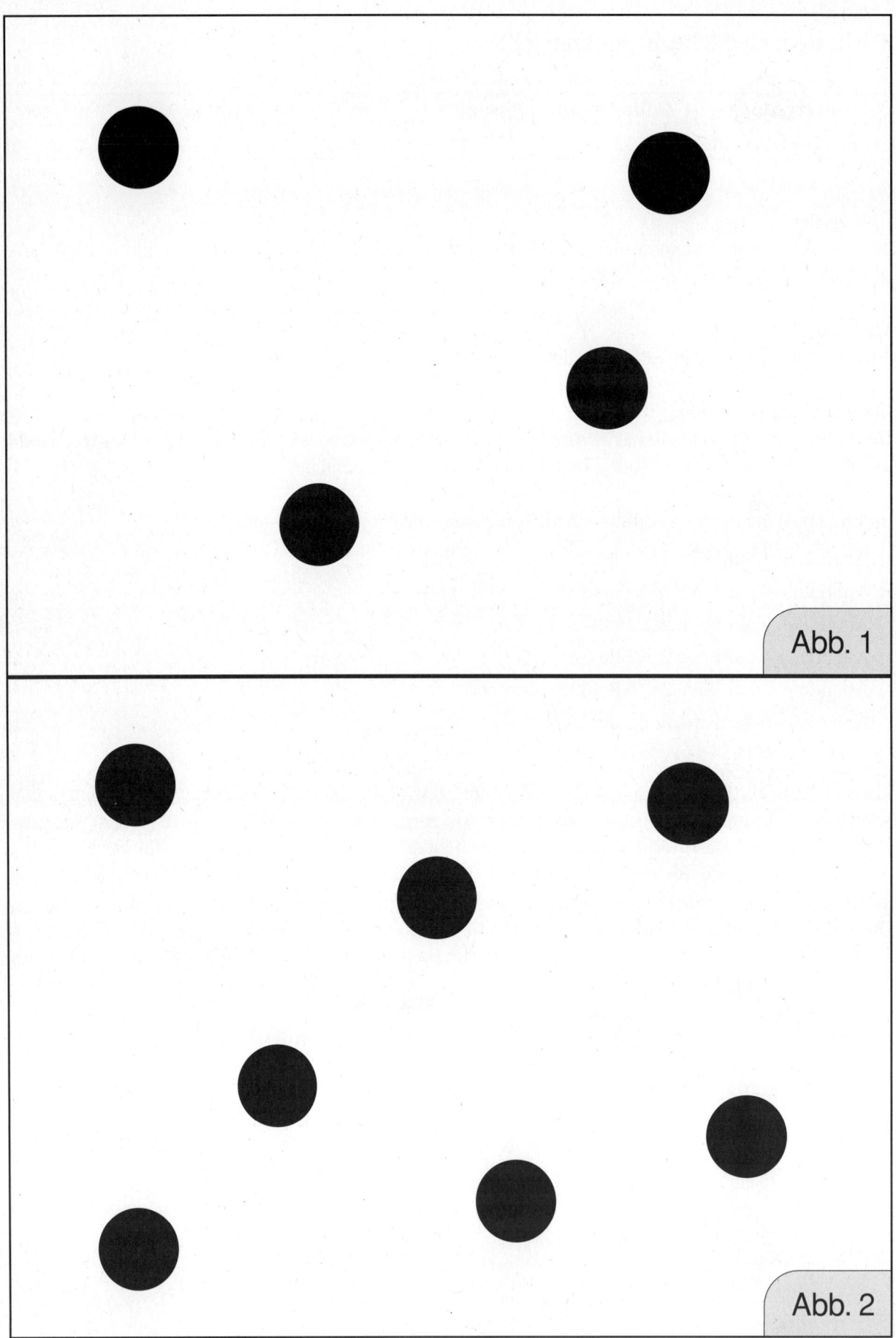

Abb. 1

Abb. 2

G-02   I Gedächtnis, Merktechniken und Vokabellernen

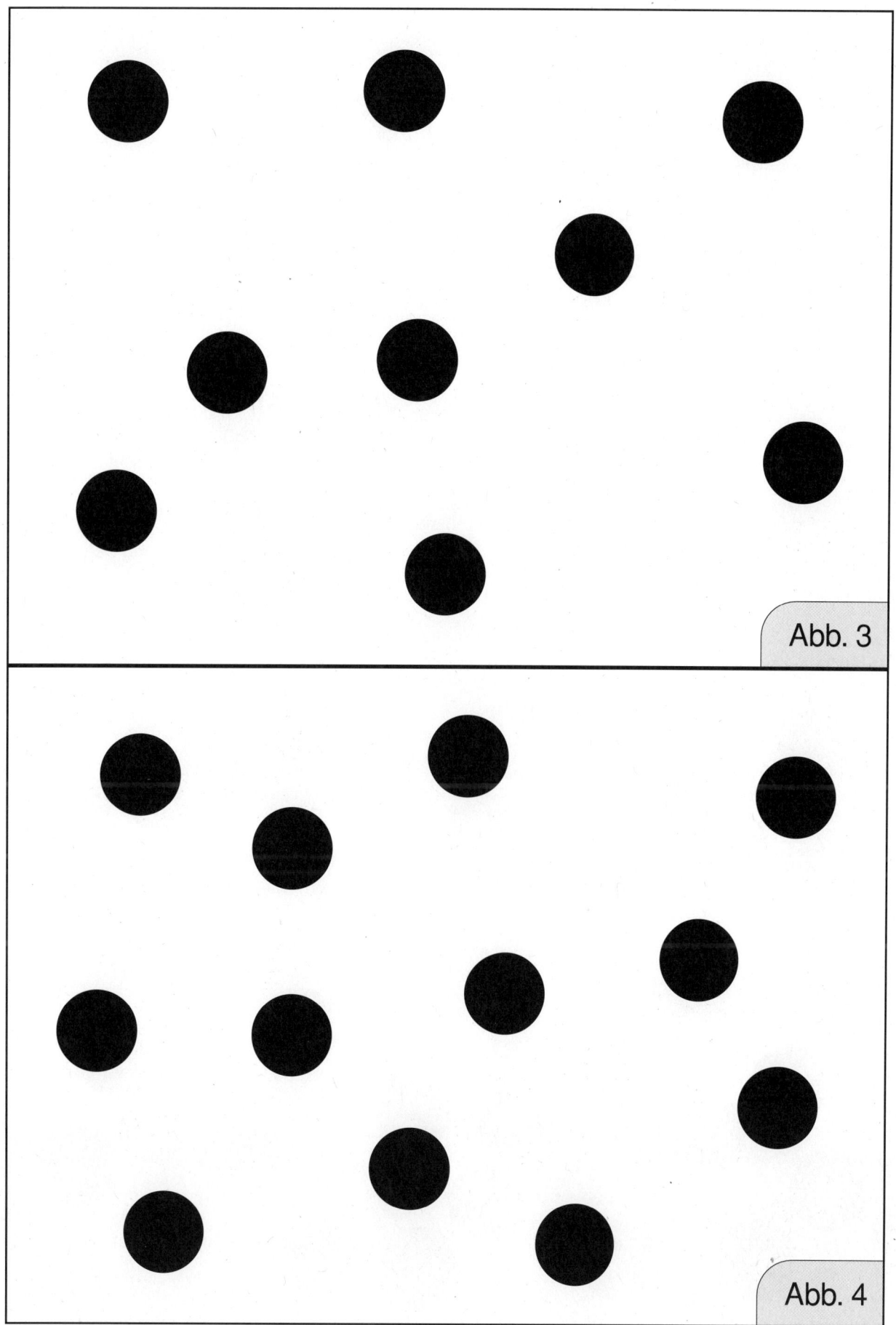

© Ernst Klett Verlag GmbH, Stuttgart 2003. Als Kopiervorlage freigegeben.

I Gedächtnis, Merktechniken und Vokabellernen

G-02

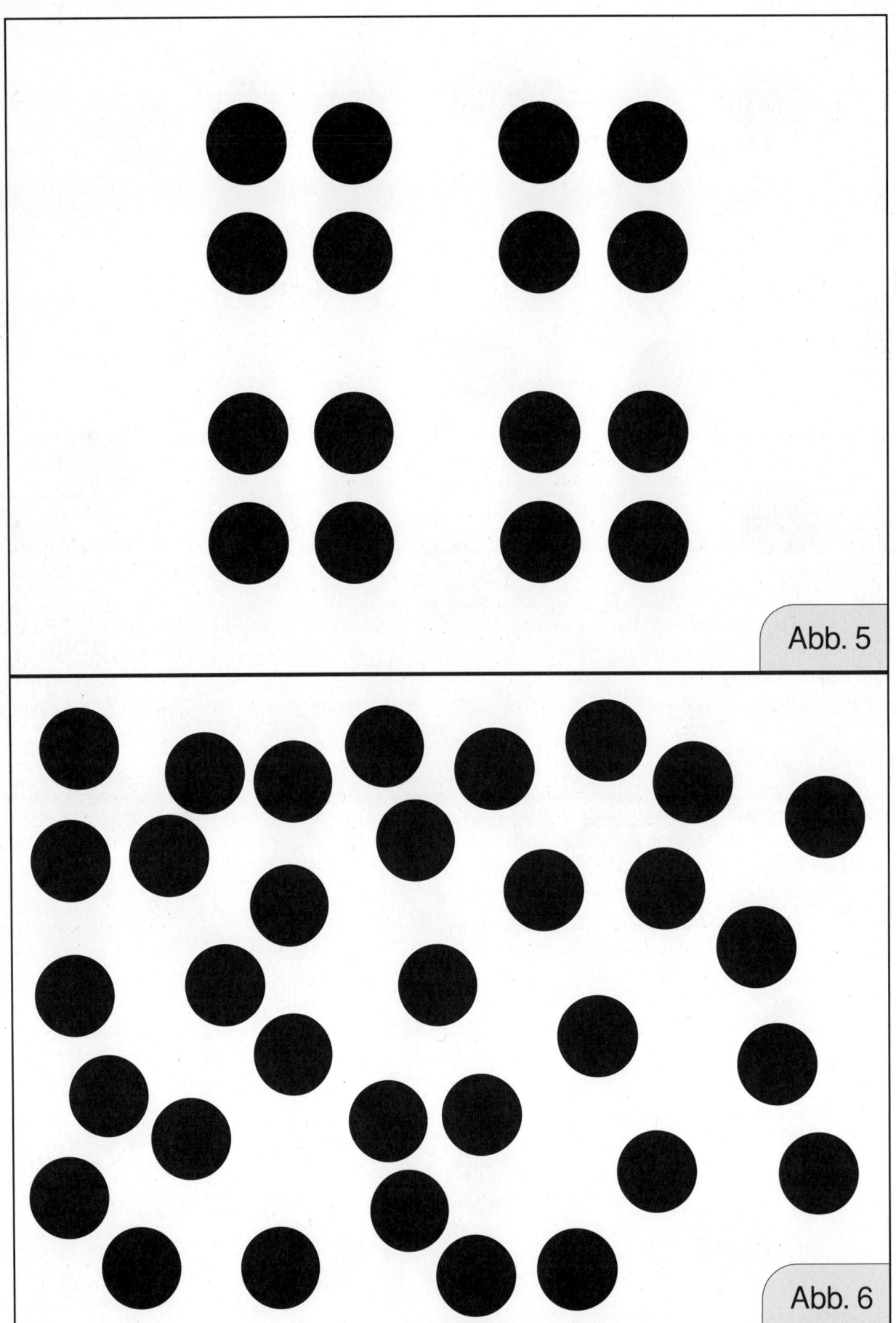

Abb. 5

Abb. 6

3 Wörter lernen (E)

Altersgruppe	Zeitaufwand	Sozialform	Lautstärke	Lerneffizienz	Beliebtheit
Unter- bis Oberstufe	15–20 Min.	■	💣	💡💡	☺☺

Übungsziel
Die Schüler sollen erkennen,
- dass beim Auswendiglernen geeignete Abrufsignale notwendig sind.
- dass die Merkfähigkeit durch geeignete Abwechslung erhöht werden kann. (Vgl. „Bemerkung".)

Material
1 Folie (Kopiervorlage auf Seite 16).

Beschreibung der Übung
In der ersten Phase der Übung deckt der Lehrer die obere Hälfte der Folie für 20 Sekunden auf. In dieser Zeit müssen die Schüler versuchen, sich die dort abgebildeten fünf Begriffe zu merken. Nach einer kurzen Ablenkphase (z. B. Kopfrechnen) werden die Wörter abgefragt.
In der zweiten Phase deckt der Lehrer die untere Hälfte der Folie auf. Da hier viermal so viele Begriffe abgebildet sind, wird die Folie entsprechend für 80 Sekunden aufgedeckt. Wieder sollen die Schüler die Begriffe nach einer kurzen Ablenkphase aufschreiben.
In der Regel ist es den Schülern im Gegensatz zur ersten Phase kaum möglich, alle Begriffe aus der zweiten Phase richtig anzugeben, obwohl die Zeit, die sie zum Merken jedes Wortes erhalten, in beiden Phasen gleich ist.
Häufig sind die Schüler der Ansicht, dass sie die Wörter nicht mehr im Gehirn gespeichert haben. Um dieses zu widerlegen, liest der Lehrer den Schülern eine Reihe von Wörtern vor, unter denen sich neben anderen auch die gesuchten Wörter befinden. Wenn der Schüler nun einige Wörter wieder erkennt und nachträgt, wird ihm bewusst, dass das Behalten eng mit dem Wiederauffinden von Informationen im Gedächtnis verbunden ist („Es liegt mir auf der Zunge."). Was beim Lernen der Begriffe in der zweiten Phase fehlte, waren geeignete Abrufsignale.

Bemerkung
Manche Schüler versuchen, die zwanzig Wörter der zweiten Phase in vier Fünfer-Pakete zu zerlegen, um diese dann nacheinander wie in der ersten Phase zu lernen. Das gelingt aber kaum; sobald die Wörter des zweiten Fünfer-Paketes gelernt werden, bringt man die gerade gelernten Wörter durcheinander.
Die Schüler sollen an dieser Stelle erkennen, dass Lernen von Ähnlichem – hier z. B. ausschließlich von Wörtern – den Lernerfolg hemmt (Interferenzlernen). Die Hemmung tritt hingegen nicht ein, wenn sich das Lernen unterscheidet. So beeinträchtigt das Kopfrechnen in der ersten Phase der Übung kaum den Lernerfolg.
Daraus kann gefolgert werden, Hausaufgaben möglichst abwechslungsreich zu gestalten: So können z. B. mathematisch-naturwissenschaftliche Fächer mit sprachlichen abgewechselt werden; weiterhin sollte man schriftliche und mündliche Hausaufgaben abwechseln. (Vgl. auch *Vokabel-Lerntipp-Mix* auf Seite 29.)

I Gedächtnis, Merktechniken und Vokabellernen G-03

Maus
Blume
Stuhl
Dach
Schiff

Telefon	Eimer
Uhr	Wurst
Ofen	Fisch
Fahrrad	Schwein
Sattel	Antenne
Pferd	Teller
Stein	Saft
Hammer	Ring
Rasen	Tisch
Handtuch	Kamin

4 Assoziationstechnik

Altersgruppe	Zeitaufwand	Sozialform	Lautstärke	Lerneffizienz	Beliebtheit
Unter- bis Oberstufe	15–20 Min.	■	💣	💡💡	☺☺

Übungsziel
Die Schüler sollen erkennen, dass sich die Merkleistung mit (Assoziations-)Bildern als Abrufsignale deutlich steigern lässt.

Material
Keines.

Beschreibung der Übung
Der Lehrer nennt den Schülern nacheinander etwa 20 Begriffe. Zu jedem Begriff sollen sich die Schüler ein weiteres Wort aufschreiben, das ihnen zum genannten einfällt. (Das vom Lehrer vorgegebene Wort wird nicht aufgeschrieben!)

Beispiel:
Der Lehrer nennt den Begriff: *Handschuh*.
Die Schüler könnten z. B. „Kälte", „Finger", „Schal", „Winter" o. Ä. aufschreiben.

Hierbei gilt: je phantasievoller (oder auch merk-würdiger), desto besser!
Nach einer kurzen Ablenkphase sollen die Schüler die genannten Begriffe hinter ihre schreiben. In der Regel schaffen es die Schüler, sich fast alle Wörter zu merken.

Aufbaumöglichkeit
Bilder-Vokabellernen, Seite 36.

5 Merkgeschichte

Altersgruppe	Zeitaufwand	Sozialform	Lautstärke	Lerneffizienz	Beliebtheit
Unter- bis Oberstufe	15–20 Min.	■	💣	💡💡	☺☺☺

Übungsziel
Die Schüler sollen erkennen, wie wichtig es beim Lernen ist, das Gelernte in einen anschaulichen Zusammenhang zu bringen.

Material
1 Folie (Kopiervorlage auf Seite 19).

Beschreibung der Übung
Die Schüler erhalten 15 Wörter auf einer Folie. Sie sollen nun aber nicht versuchen, sich die Wörter zu merken. Die einzige Aufgabe der Schüler soll es vielmehr sein, sich eine Geschichte (Beispiel unten), die der Lehrer vorliest und in der die 15 Wörter der Reihe nach vorkommen, in allen Einzelheiten vorzustellen. Wie bei der vorangegangenen Übung gilt auch hier: Je merkwürdiger die Geschichte gewählt ist, desto besser lässt sie sich merken.
Haben sich Schüler an diese Arbeitsanweisung gehalten – und Schüler können sich solche Geschichten sehr gut vorstellen –, so sind sie selbst nach längerer Unterbrechung noch in der Lage, die Geschichte und damit auch die einzelnen Wörter wiederzugeben. (Neben den einzelnen Wörtern haben die Schüler meist auch die Reihenfolge der gefragten Wörter behalten – und das, obwohl sie gar keinen konkreten Merkauftrag bekommen hatten.)
Um das Erfinden solcher Merkgeschichten einzuüben, kann man sich anschließend gemeinsam mit den Schülern eine Merkgeschichte zu frei gewählten Wörtern ausdenken. Wenn es die Zeit zulässt, kann man sich auf diese Weise leicht 50 Wörter mit einer entsprechend langen Geschichte merken. Oft können Schüler diese Geschichten zur Verblüffung von uns Lehrern selbst noch nach Tagen und Wochen aufsagen.

Eine mögliche Merkgeschichte:
*Stell dir vor, du hast **Geburtstag**! Von deinen Freunden bekommst du viele Geschenke. Nur über das Geschenk deiner **Großmutter** musst du dich etwas wundern: Es ist ein echter **Bagger**! Du steigst in den Bagger und – wer hätte gedacht, dass das so einfach geht – fährst mit ihm los. Nach kurzer Zeit hättest du fast einen Unfall verursacht – im letzten Moment kannst du gerade noch einem **Elefanten**, der mit einem **Regenschirm** spazieren geht, ausweichen. Beim Ausweichmanöver bist du leider gegen eine **Bücherei** gefahren. Du steigst aus, um dich für den Unfall zu entschuldigen, findest in der Bücherei aber keinen Angestellten, sondern nur einen **Friseur**. Du ergreifst die Gelegenheit und lässt dir einen Haarschnitt verpassen. Als du merkst, dass der Haarschnitt miserabel wird, versuchst du zu gehen, stellst aber dabei fest, dass du an einer **Kette** gefangen bist. Mit letzter Kraft kannst du dich losreißen. Du stolperst aus der Bücherei, fällst dabei über eine riesige **Flasche** und musst draußen erkennen, dass der Bagger verschwunden ist. Du gehst deshalb zu Fuß weiter. Als dich dann aber ein Schwarm wütender **Bienen** überfällt, kommst du leider vom Weg ab und verirrst dich in einer riesigen, unbarmherzigen **Wüste**. Vollkommen erschöpft findest du schließlich einen schattenspendenden **Baum**. Du gehst auf ihn zu und siehst, dass in diesen Baum ein **Kühlschrank** eingebaut ist. Du öffnest den Kühlschrank und findest in ihm einen **Golfball** und eine **Landkarte**. Du nimmst die Landkarte, die dir den Weg aus der Wüste nach Hause zu deinen Freunden zeigt, die immer noch deinen **Geburtstag** feiern …*

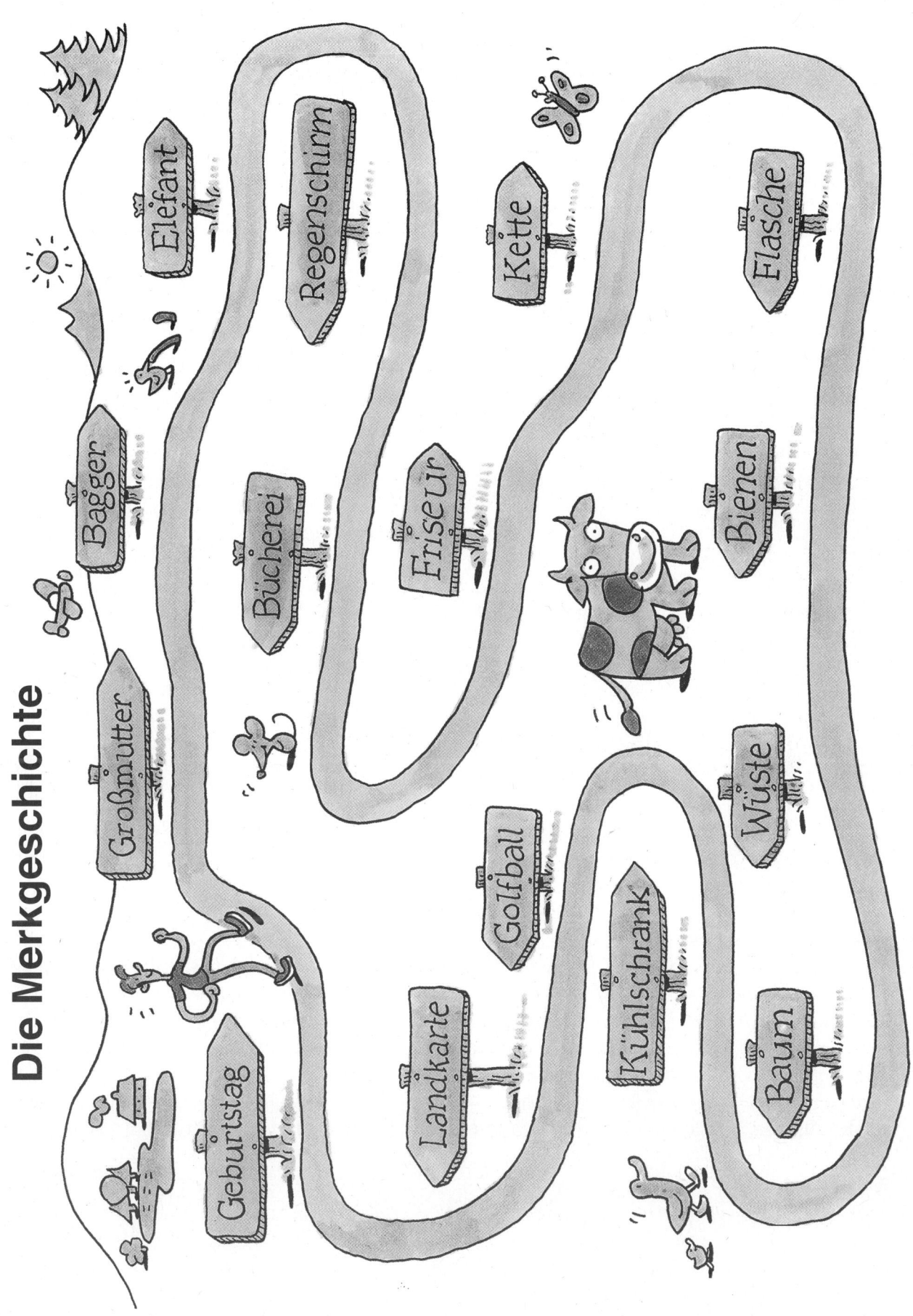

I Gedächtnis, Merktechniken und Vokabellernen

6 Wörter-Gedächtnis-Genie

Altersgruppe	Zeitaufwand	Sozialform	Lautstärke	Lerneffizienz	Beliebtheit
Mittel- und Oberstufe	30–45 Min.	■	💣	💡	😊😊😊

Übungsziel
Die Schüler sollen lernen, sich mit der geeigneten Technik bis zu 100 Wörter merken zu können.

Material
1 Arbeitsblatt (Kopiervorlage auf Seite 21).

Bemerkung
Auch wenn die Vorbereitung für diese Übung etwas aufwändig erscheint, so ist die Wirkung der Merktechnik gerade für schwächere Schüler ausgesprochen verblüffend.

Vorbereitung der Übung
Auf dem Arbeitsblatt (Seite 21) stehen die Zahlen von 00 bis 99 mit jeweils einem zugeordneten Wort, dem so genannten *Stammwort*. Um die Merktechnik anzuwenden, müssen diese Verbindungen (einmalige Anstrengung!) gelernt werden. Zur Erleichterung dieser Aufgabe gibt es folgenden Zusammenhang: Jeder Ziffer zwischen 0 und 9 ist ein Buchstabe zugeordnet. Damit sich die Zuordnung zwischen Ziffer und Buchstabe leicht merken lässt, wurden Buchstaben gewählt, die mit den zugehörigen Zahlen eine äußere Ähnlichkeit besitzen:

1 = l; 2 = Z; 3 = M (gedreht); **4 = T; 5 = S; 6 = b; 7 = F; 8 = R; 9 = g**.

In jedem der 100 Stammwörter der Tabelle sind als Merkhilfe die beiden Buchstaben enthalten, die den Ziffern entsprechen, aus denen die zugehörige Zahl besteht.

Beispiel:
Neben der Zahl **29** steht ein Stammwort, das als ersten Buchstaben ein **Z** (für die **2**) und dann weiter hinten ein **g** (für die **9**) aufweist. So erhält der Schüler als Abrufsignal „**Z**…**g**…", mit dem sich das Wort „**Z**ie**g**e" bestimmen lässt.

Beschreibung der Übung
Der Lehrer nennt den Schülern 100 beliebige Wörter mit jeweils einer Zahl. Um sich diese Verbindung zu merken, überlegen sich die Schüler eine bildliche Verbindung zwischen dem genannten Wort und dem zur Zahl gehörigen Stammwort. Wird beispielsweise als 29. Wort „Schlittschuh" genannt, so lässt sich der Zusammenhang mit einem Verbindungsbild zwischen dem genannten Wort (Schlittschuh) und dem zur Zahl gehörenden Stammwort (29 = **Z**…**g**… = **Z**ie**g**e) leicht merken: *Eine Ziege fährt mit atemberaubender Geschwindigkeit Schlittschuh!* Hierbei gilt: je merkwürdiger, desto besser! Um später das 29. Wort anzugeben, sucht man nach dem Bild zur „Ziege" und erhält den „Schlittschuh".

Aufbaumöglichkeit
Das *Zahlen-Gedächtnis-Genie*, Seite 22.

Wörter-Gedächtnis-Genie

0	1	2	3	4	5	6	7	8	9
D	l	Z	M	T	S	B	F	R	g

00	DD	Donald Duck	25	ZS	Zahnspange	50	SD	Sand	75	FS	Fluss
01	DL	Diele	26	ZB	Zwiebel	51	SL	Spüle	76	FB	Fußball
02	DZ	Dachziegel	27	ZF	Zugführer	52	SZ	Spickzettel	77	FF	Fanfare
03	DM	Dame	28	ZR	Zar	53	SM	Sommer	78	FR	Fähre
04	DT	Dotter	29	ZG	Ziege	54	ST	Sattel	79	FG	Fliege
05	DS	Dose	30	MD	Made	55	SS	Sessel	80	RD	Radar
06	DB	Dieb	31	ML	Maler	56	SB	Skateboard	81	RL	Rolle
07	DF	Daunenfeder	32	MZ	Münze	57	SF	Stiefel	82	RZ	Rezept
08	DR	Dachrinne	33	MM	Mammut	58	SR	Sirup	83	RM	Römer
09	DG	Degen	34	MT	Mutter	59	SG	Säge	84	RT	Ratte
10	LD	Leder	35	MS	Messe	60	BD	Bandit	85	RS	Riese
11	LL	Lolli	36	MB	Maßband	61	BL	Ballon	86	RB	Robbe
12	LZ	Lanze	37	MF	Mofa	62	BZ	Brezel	87	RF	Reifen
13	LM	Lama	38	MR	Möhre	63	BM	Blume	88	RR	Rennrad
14	LT	Leiter	39	MG	Magier	64	BT	Beton	89	RG	Regal
15	LS	Lasso	40	TD	Teddy	65	BS	Besen	90	GD	Gardine
16	LB	Libelle	41	TL	Teller	66	BB	Bombe	91	GL	Gully
17	LF	Löffel	42	TZ	Tarzan	67	BF	Büffel	92	GZ	Gazelle
18	LR	Lehrer	43	TM	Trommel	68	BR	Bohrer	93	GM	Gammler
19	LG	Liege	44	TT	Torte	69	BG	Bagger	94	GT	Garten
20	ZD	Zeder	45	TS	Tasse	70	FD	Faden	95	GS	Gasse
21	ZL	Zylinder	46	TB	Tube	71	FL	Füller	96	GB	Gabel
22	ZZ	Zaziki	47	TF	Tafel	72	FZ	Feuerzeug	97	GF	Gefängnis
23	ZM	Zipfelmütze	48	TR	Terrasse	73	FM	Flamme	98	GR	Garage
24	ZT	Zettel	49	TG	Tiger	74	FT	Foto	99	GG	Geige

I Gedächtnis, Merktechniken und Vokabellernen

7 Zahlen-Gedächtnis-Genie

Altersgruppe	Zeitaufwand	Sozialform	Lautstärke	Lerneffizienz	Beliebtheit
Mittel- und Oberstufe	30–45 Min.	■	💣	💡	☺☺☺

Übungsziel
Die Schüler sollen sich mit der Merktechnik Zahlenketten (z. B. Geschichtsdaten oder Konstanten aus der Physik) merken können.

Voraussetzung
Das *Wörter-Gedächtnis-Genie* (Seite 20).

Material
1 Arbeitsblatt (Kopiervorlage auf Seite 21).

Beschreibung der Übung
Mit der Merktechnik lassen sich neben Wörtern auch lange Zahlenketten merken.

Beispiel: *Konstante in der Mathematik*
Soll sich die Zahl π (= 3,1415926535 ...) gemerkt werden, so werden die Ziffern hinter dem Komma zunächst in Paare aufgeteilt und die dazugehörigen Stammwörter (vgl. Übungsbeschreibung zum *Wörter-Gedächtnis-Genie*, Seite 20) bestimmt:

(14)	(15)	(92)	(65)	(35)
Leiter	Lasso	Gazelle	Besen	Messe

Wie bei der Merkgeschichte werden nun die Stammwörter (und mit ihnen die Ziffern der Zahl π) gelernt:
*Der Mathematiker Pius steht auf einer **Leiter** und versucht, mit einem **Lasso** eine **Gazelle** zu fangen. Da nimmt die Gazelle einen fliegenden **Besen** und fliegt mit ihm in die nächste **Messe**.*

Beispiel: *Geschichte*
Dreißigjähriger Krieg 1618–48:   (16)   (18)   (48)
                                 Libelle Lehrer Terrasse

*Als eine **Libelle** vor langer Zeit einen **Lehrer** biss, erschrak dieser sich so sehr, dass er auf seine **Terrasse** lief, um dort den **Dreißigjährigen Krieg** auszurufen.*

8 Merkposter

Altersgruppe	Zeitaufwand	Sozialform	Lautstärke	Lerneffizienz	Beliebtheit
Unter- bis Oberstufe	5–10 Min.	■	💣	💡💡💡	☺☺☺

Übungsziel
Die Schüler sollen erkennen, dass die Umgebung beim Lernen immer mitgelernt wird und dass sich dieses zusätzliche und meist freiwillige Lernen gezielt einsetzen lässt.

Material
Ein großer Papierbogen (DIN A3 oder größer).

Bemerkung
Uns fallen an manchen Orten Ereignisse ein, die in irgendeiner Form mit diesem Ort in Zusammenhang stehen. Der Ort kann uns daher beim Lernen als Abrufsignal für Informationen dienen. Gerade Kinder haben einen sehr guten Bezug zum Ort. (Das müssen wir schnell feststellen, wenn wir mit ihnen Memory spielen: Sie stapeln ihre Karten und schauen uns mitleidig an!). Das Merkposter versucht, diese Stärke der Kinder auszunutzen und zu unterstützen.

Beschreibung der Übung
Der Lehrer schreibt einen beliebigen Lerngegenstand (z.B. Vokabeln, Mathematikformeln oder Geschichtsdaten) auf ein großes Blatt. Dieses Merkposter wird gut sichtbar im Klassenraum aufgehängt. Da es Schüler gewohnt sind, dass ein solches Informationsangebot mit einer Arbeitsaufforderung verbunden ist, werden sie vermutlich fragen, was sie mit dieser Information machen sollen. Es ist jetzt aber in dieser Phase wichtig, dass die Schüler keine weiteren Arbeitsanweisungen bezüglich des Merkposters erhalten. Es soll einzig und allein das Lernangebot bestehen. Dies allein führt in den meisten Fällen schon dazu, dass sich die Schüler den Lernstoff auf dem Merkposter – motiviert durch ihre eigene Neugierde – von sich aus aneignen. Man kann es leicht nach ein paar Unterrichtsstunden überprüfen, um so auch den Schülern dieses „freiwillige Lernen" vor Augen zu führen.

Aufbaumöglichkeiten
1. In einer zweiten Runde kann mit den Schülern gemeinsam ein weiteres Merkposter gestaltet werden. Um die Neugierde der Schüler auch immer wieder zu wecken, sollten nicht zu viele Merkposter zur gleichen Zeit angeboten werden. Weiterhin muss darauf geachtet werden, dass das Merkposter nicht über einen zu langen Zeitraum (mehr als zwei bis drei Wochen) an der Wand hängt. Andernfalls besteht die Gefahr, dass der Lerngegenstand als natürliche Umgebung gewertet wird. Neugierde wird nur von neuen, bislang unbekannten Lerngegenständen geweckt.
2. Die *Loci-Technik*, Seite 24.

Tipp: Die Lernmotivation lässt sich steigern, wenn das Merkposter an ungewöhnlichen Stellen (z.B. an der Decke) oder in ungewöhnlicher Form (z.B. verkehrt herum oder in Spiegelschrift vor einem Spiegel) aufgehängt wird.

I Gedächtnis, Merktechniken und Vokabellernen

9 Loci-Technik (S)

Altersgruppe	Zeitaufwand	Sozialform	Lautstärke	Lerneffizienz	Beliebtheit
Unter- bis Oberstufe	20–30 Min.	■	💣💣	💡💡	☺☺

Übungsziel
Die Schüler sollen lernen, dass Orte Abrufsignale aussenden können.

Material
10 Karten mit Informationen (Kopiervorlagen auf den Seiten 25 und 26).

Beschreibung der Übung
Zur Vorbereitung der Übung werden die zehn Karten im Klassenraum an jeweils verschiedenen Stellen verteilt (Lehrerpult, Waschbecken, Fensterbank, Tafel, Fußbodenecke …).
Die Schüler werden aufgefordert, sich die Inhalte der zehn Karten der Reihe nach sinngemäß einzuprägen. Hierbei sollen sie Folgendes beachten:

1. Die Karten dürfen beim Lernen weder berührt noch verschoben werden.
2. Die Schüler sollen sich mit ihrer gesamten Aufmerksamkeit auf die Karte konzentrieren, bei der sie sich gerade aufhalten. (Dies gelingt nur, wenn sie sich das Behalten auch zutrauen und nicht fortwährend überlegen, ob sie die bereits gelernten Lerninhalte noch können.)

Nach einer kurzen Ablenkungsphase (z.B. Kopfrechnen) werden die Schüler aufgefordert, die Lerninhalte der zehn Karten wiederzugeben. Als Hilfe können sie die dazugehörigen Plätze in Gedanken durchgehen.

Loci-Technik

1

Bei einer Sonnenfinsternis schieb sich der Mond zwischen Sonne und Erde, sodass der Schatten des Mondes auf einen kleinen Teil der Erde fällt.

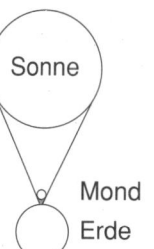

Loci-Technik

2

Wasserdampf selbst kann man nicht sehen. Nebel und Wolken bestehen hingegen aus sehr kleinen Wassertropfen und sind deshalb sichtbar.

Loci-Technik

3

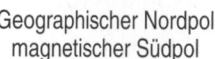

Die Erde ist ein Magnet. Der magnetische Südpol liegt in der Nähe des geographischen Nordpols, der magnetische Nordpol in der Nähe des geographischen Südpols.

Loci-Technik

4

Eine Kerzenflamme benötigt zum Brennen Sauerstoff. Stülpen wir über eine brennende Kerze ein Glas, so erlischt die Kerze nach kurzer Zeit.

Loci-Technik

5

Die Haut von Schlangen kann selbst nicht wachsen. Deshalb müssen sich Schlangen beim Wachsen in regelmäßigen Abständen „häuten".

© Ernst Klett Verlag GmbH, Stuttgart 2003. Als Kopiervorlage freigegeben.

Loci-Technik 6

Spinnen zählen nicht zu den Insekten, weil sie nicht sechs, sondern acht Beine besitzen.

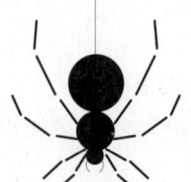

Loci-Technik 7

In einem Heißluftballon wird die Luft mit einem Brenner erhitzt. Dadurch wird die Luft leichter und zieht den Ballon nach oben.

Loci-Technik 8

Die blaue Farbe von Seen und Meeren entsteht, wenn das blaue Licht des Himmels an der Wasseroberfläche gespiegelt wird. Das Wasser selbst ist farblos.

Loci-Technik 9

Die Gewichtskraft auf dem Mond beträgt etwa ein Sechstel der Gewichtskraft auf der Erde.

Loci-Technik 10

Das Blattgrün Chlorophyll wandelt in Pflanzen das Licht der Sonne in Energie um.

10 Das kann man vergessen!

Altersgruppe	Zeitaufwand	Sozialform	Lautstärke	Lerneffizienz	Beliebtheit
Mittel- bis Oberstufe	10–20 Min.	■	💣	💡	☺

Übungsziel
Die Schüler sollen erkennen, dass rechtzeitige Wiederholungen für das Lernen notwendig sind.

Material
1 Folie (Kopiervorlage auf Seite 28).

Beschreibung der Übung
Die Schüler erhalten vom Lehrer etwa 20 bis 30 Begriffe, die sie in kurzer Zeit lernen sollen. Unmittelbar nach dieser Lernphase fragen sich die Schüler die Wörter stichprobenartig ab. Ohne weitere Wiederholungen werden die Wörter in gleicher Weise nach etwa einer Stunde, nach einem Tag und schließlich nach zwei erneut überprüft. Die Anzahl der gewussten Wörter wird von den Schülern schriftlich festgehalten.
Meist zeigt sich, dass gerade kurz nach einer Lernphase die meisten Wörter vergessen werden. Um dies zu verhindern, bietet es sich daher an, sie nach kurzer Zeit (etwa 20 Minuten) zu wiederholen. Die weiteren Wiederholungen können dann in immer größeren Abständen erfolgen.
Der Gewinn richtig eingesetzter Wiederholungen kann den Schülern anschließend mithilfe der beiden Abbildungen auf einer Folie verdeutlicht werden. Die beiden dargestellten Schaubilder zeigen das Erinnerungsvermögen gegen die Zeit aufgetragen: in der ersten Abbildung ohne, in der zweiten mit Wiederholungen. In der zweiten Abbildung erkennt man,

1. dass der Lernaufwand mit jeder Wiederholung aufgrund der immer flacher werdenden Lernkurve geringer wird und
2. dass die Wiederholungsabstände zunehmend größer gewählt werden sollten.

Aufbaumöglichkeit
Der *Lernkarteikasten*, Seite 33.

Bemerkung
Beim auf Seite 33 beschriebenen Lernkarteikasten wird das Prinzip der immer größeren Wiederholungsabstände berücksichtigt.

Ohne Wiederholungen

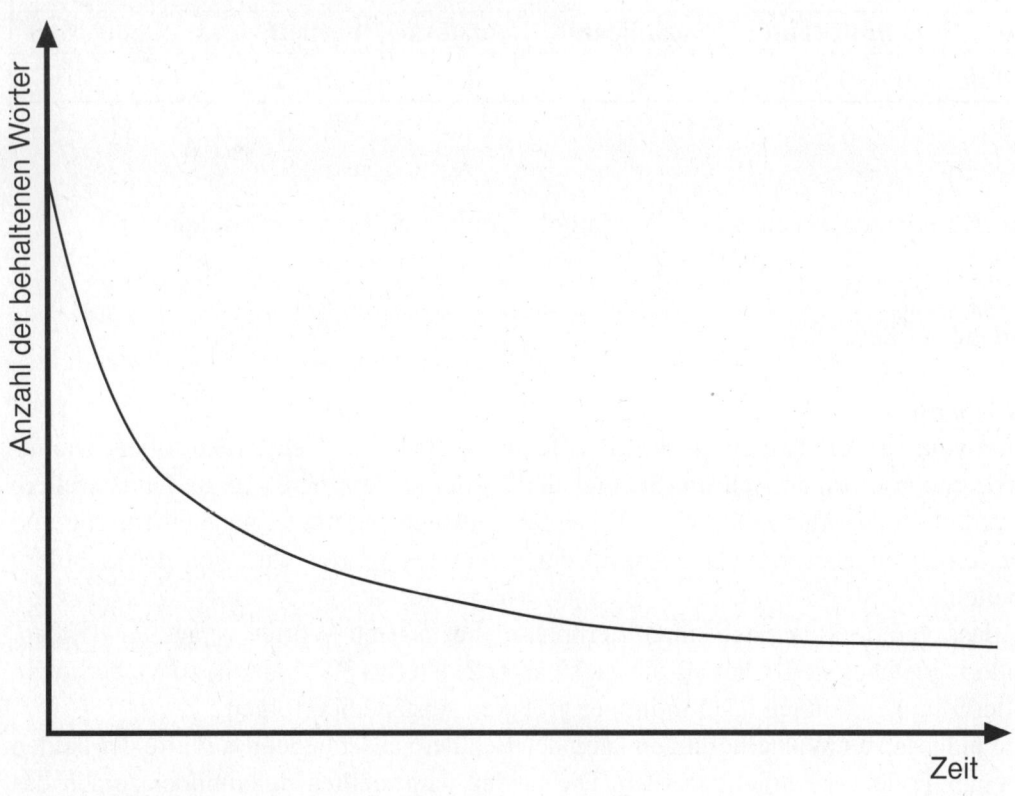

Mit Wiederholungen

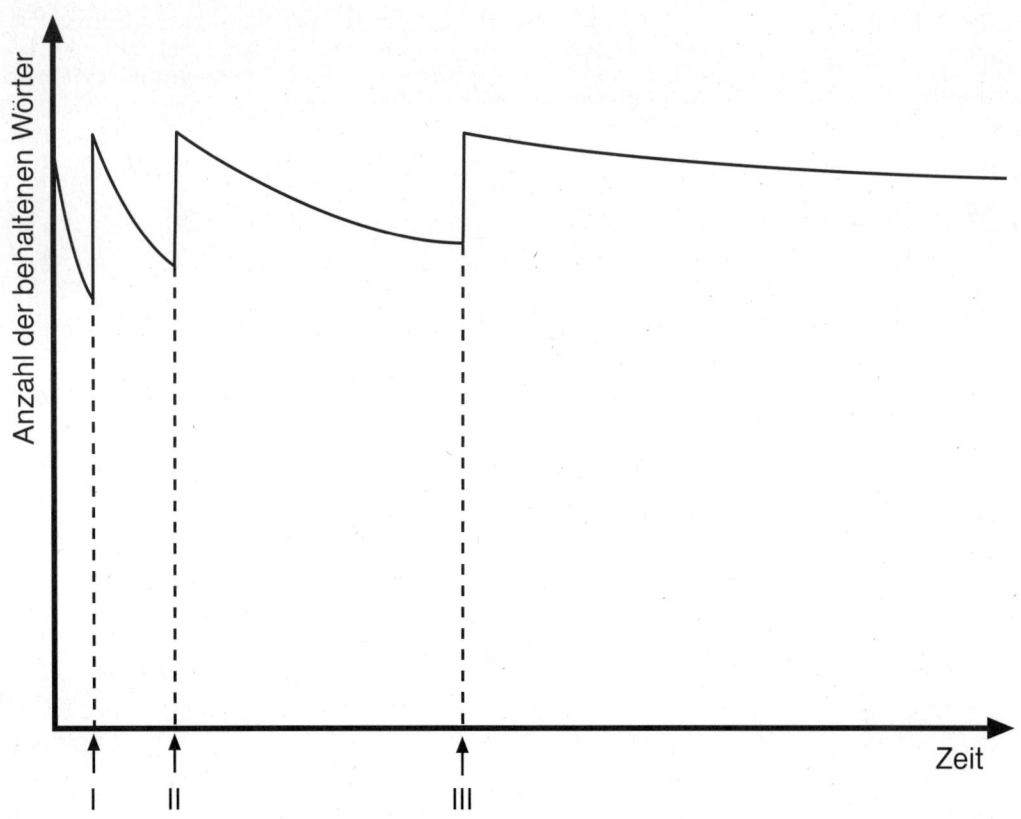

Vokabellernen

11 Vokabel-Lerntipp-Mix (E)

Altersgruppe	Zeitaufwand	Sozialform	Lautstärke	Lerneffizienz	Beliebtheit
Unter- bis Oberstufe	30–45 Min.	■	💣	💡💡	☺

Übungsziel
Die Schüler sollen Methoden zum Vokabellernen kennen lernen.

Material
Ein Satz Karten (Kopiervorlagen auf den Seiten 30 bis 32).

Beschreibung der Übung
Die Karten mit den Lerntipps werden im Raum verteilt. Anschließend gehen die Schüler im Raum herum und schauen sich die einzelnen Karten an. Nach einer vorher festgelegten Zeit trifft man sich, um die einzelnen Tipps zu diskutieren. Hier können Schüler berichten, ob und welche Erfahrungen sie bereits mit einzelnen Tipps machen konnten.

I Gedächtnis, Merktechniken und Vokabellernen

Vokabel-Lerntipp 1: Kleine Portionen

Neue Vokabeln lassen sich besser lernen, wenn sie in kleine Portionen von etwa zehn Vokabeln eingeteilt werden. Zwischen den Vokabel-Portionen können andere Hausaufgaben erledigt werden. Hierzu eignen sich (als Pause) besonders schriftliche Aufgaben.
Nur bei Wiederholungen sind auch größere Vokabelmengen sinnvoll.

Vokabel-Lerntipp 2: Abwechslung

Da das Vokabellernen vorwiegend mündlich geschieht, sollte man es möglichst nach und vor einer schriftlichen Hausaufgabe durchführen. Auf keinen Fall solltest du Vokabeln für zwei Fremdsprachen hintereinander lernen! Sonst besteht die Gefahr, dass die noch nicht gefestigten Vokabeln durcheinander geraten.

Vokabel-Lerntipp 3: Lernen durch Schreiben

Das Aufschreiben von Vokabeln auf Karteikarten oder in ein Vokabelheft ist keine unnütze Zusatzarbeit, sondern ein wichtiger erster Lernschritt, der beim späteren mündlichen Lernen der Vokabeln helfen wird. So lernst du die Vokabeln über zwei Lernkanäle: durch das Schreiben *und* durch das anschließende Lesen.
Wer die Vokabeln besser durch Schreiben lernen kann, sollte das nutzen und sie ruhig mehrfach aufschreiben.

Vokabel-Lerntipp 4: Lernen durch Hören

Nimm die Vokabeln und (mit kleinen Pausen) deren Übersetzungen mit einem Kassettenrekorder auf. So kannst du dich ohne fremde Hilfe abfragen lassen. Achte beim Aufnehmen darauf, dass du laut genug sprichst und dass die Aussprache richtig ist!
Tipp: Wenn du besonders schwere Vokabeln auch beim Aufnehmen besonders betonst, prägst du sie dir besser ein.

Vokabel-Lerntipp 5: Lernen durch Sprechen

Lies die Vokabeln und deren Übersetzung laut vor. Schwierige Vokabeln kannst du auch auf besondere Weise vorlesen: langsam, schreiend, flüsternd, Grimassen schneidend … Achte aber auf eine gute Aussprache!

Vokabel-Lerntipp 6: Randvokabeln

Beim Vokabellernen kann man sich häufig die Randvokabeln am besten merken. Deshalb solltest du beim Aufschreiben der Vokabeln darauf achten, dass die erste und die letzte Vokabel möglichst schwere sind.

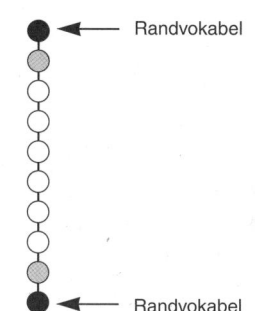

Vokabel-Lerntipp 7: Gemeinsam lernen

Frage dich mit einem Freund oder einer Freundin gegenseitig die Vokabeln ab. Dabei lernt nicht nur der Abgefragte, sondern auch der Fragende!
Tipp: Stellt euch gegenseitig Vokabeltests, die ihr anschließend gemeinsam korrigiert.

Vokabel-Lerntipp 8: Eselsbrücken finden

Bei sehr schwierigen Vokabeln kannst du dir Eselsbrücken überlegen. Beispiel: plane – Flugzeug.
Bei *plane* fällt dir vielleicht das Wort „die Plane" ein. Jetzt suchst du dir ein Verbindungsbild zwischen „dem Flugzeug" und „der Plane":
„Stell dir vor, wie ein Flugzeug in eurem Garten auf einer riesigen Plane landet."

Vokabel-Lerntipp 9: Vom Computer helfen lassen

Wenn du einen Computer hast, kannst du dich erkundigen, ob es geeignete Vokabellernprogramme gibt. Mit ihnen fällt das Lernen häufig viel leichter.

Vokabel-Lerntipp 10: Karteikarten

Schreibe die Vokabeln auf Karteikarten: vorne die Vokabel, hinten deren Übersetzung. So kannst du die Reihenfolge der Vokabeln immer neu verändern.
Tipp: Schreibe schwierige Vokabeln besonders auf (sehr groß, mit einem speziellen Stift, in Farbe, mit einem Bild ...).

Vorderseite:

Fenster

Rückseite:

window

Vokabel-Lerntipp 11: Lernplakat

Schreibe Vokabeln, mit denen du dich besonders schwer tust, auf einen großen Zettel. Hänge diesen irgendwo bei dir im Zimmer auf, sodass du ihn immer sehen kannst.
Lass den Zettel einfach für ein paar Tage hängen und du wirst sehen, dass du die Vokabeln ganz automatisch ohne weitere Anstrengung gelernt hast.

Fenster – window

(Dieser Zettel könnte gut an deinem Fenster keben!)

Vokabel-Lerntipp 12: Wiederholungen

Da wir Gelerntes nach dem ersten Lernen schnell wieder vergessen, sollten Vokabeln nach etwa einer Stunde zum ersten Mal wiederholt werden. Dadurch verhinderst du, dass du sie später von neuem lernen musst.

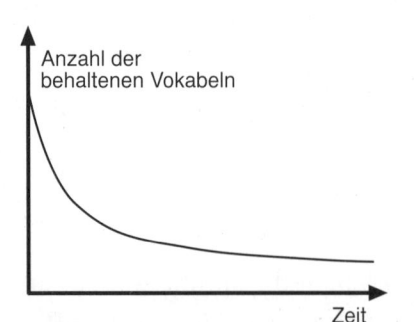

12 Lernkarteikasten (E)

Altersgruppe	Zeitaufwand	Sozialform	Lautstärke	Lerneffizienz	Beliebtheit
Unterstufe	45–90 Min.	■	💣💣	💡💡💡	☺☺

Übungsziel
Die Schüler sollen das Lernen (z. B. von Vokabeln) mit dem Lernkarteikasten kennen lernen.

Material
Pro Schüler zwei Arbeitsblätter auf Karton (160 g), etwa 50 Karteikarten (DIN A7), Schere, Kleber und Büroklammern.

Vorbereitung
Die Schüler erstellen entsprechend den Anweisungen auf der Kopiervorlage einen Lernkarteikasten. Hierbei lassen sich die Klebestellen mit den Büroklammern einfach fixieren.
Um sicherzustellen, dass der Karteikasten in der gedachten Form eingesetzt wird, sollte man ihn mit den Schülern zusammen im Unterricht herstellen und anschließend auch mit aktuellem Lernstoff (z. B. Vokabeln) ausprobieren.

Anwendung des Lernkarteikastens
Zunächst müssen die Karteikarten beschriftet werden: Beim Vokabellernen wird z. B. auf die eine Seite der Karte die Vokabel, auf die andere deren Übersetzung geschrieben. Da diese Arbeit von einigen Schülern als lästige Zeitverschwendung gesehen wird, sollte man hier darauf eingehen, dass das Beschriften bereits der erste Lernschritt ist (Lernen durch Schreiben).
Nun werden die ersten 10 bis 15 Kärtchen in das erste (kleinste) Fach gesteckt und der Reihe nach gelernt. Hierbei gilt: Ein bereits gekonntes Kärtchen wird aussortiert und in das zweite, etwas größere Fach gesteckt. So verbleiben im ersten Fach nur diejenigen Kärtchen, die noch nicht gekonnt werden, während Vokabeln, die schnell gelernt werden, nicht unnötig wiederholt werden müssen. Ferner wird die Reihenfolge der Kärtchen immer wieder verändert.
Sobald das erste Fach leer ist, wird es wieder mit neuen Kärtchen aufgefüllt. Dieses Vorgehen wird so lange fortgesetzt, bis das zweite Fach ganz gefüllt ist. Um nun im zweiten Fach wieder Platz zu schaffen, werden jetzt die Kärtchen des zweiten Faches kontrolliert. Dabei wandern die gekonnten Kärtchen weiter ins dritte Fach, während die nicht gewussten zurück in das erste Fach müssen. In gleicher Weise füllen und leeren sich die Fächer 3 und 4. Die Kärtchen, die im fünften Fach schließlich die „Endkontrolle" passieren, können ohne Bedenken aus dem Lernkarteikasten genommen werden.
Die verschiedenen Größen der Fächer sorgen dafür, dass die Wiederholungen auch zur richtigen Zeit erfolgen. Während am Anfang eine schnelle Wiederholung sinnvoll ist, sollte man danach die Zeitabstände zwischen den Wiederholungen verlängern.

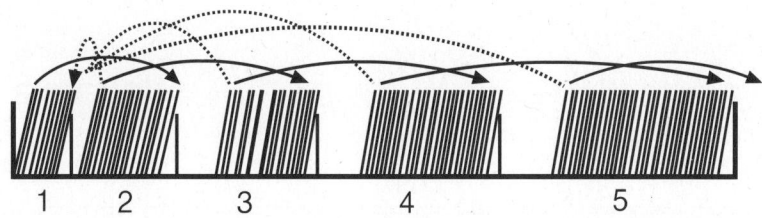 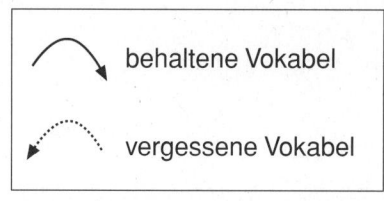

I Gedächtnis, Merktechniken und Vokabellernen

G-12

Klebefalz | Klebefalz

Hier einschneiden — Hier einschneiden

Trennwand

Trennwand

Trennwand

Trennwand

Hier einschneiden — Hier einschneiden

Klebefalz | Klebefalz

34 © Ernst Klett Verlag GmbH, Stuttgart 2003. Als Kopiervorlage freigegeben.

Den Vokabelkasten und die Trennwände ausschneiden und an den durchgezogenen Linien (———) knicken, an den gestrichelten Linien (--------) einschneiden und die Trennwände auf die gepunkteten Linien (••••••••••••) kleben.

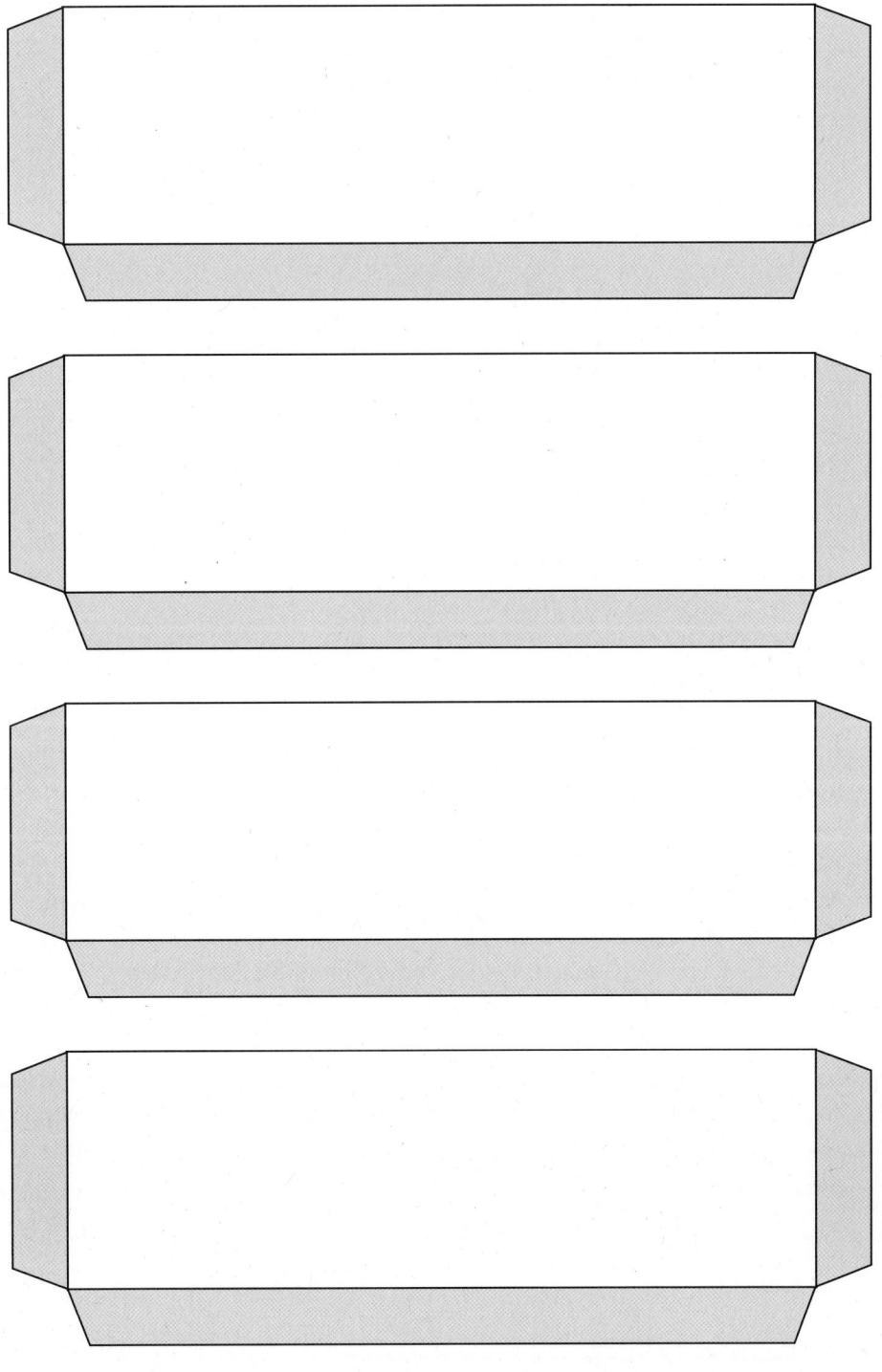

13 Bilder-Vokabellernen

Altersgruppe	Zeitaufwand	Sozialform	Lautstärke	Lerneffizienz	Beliebtheit
Unter- bis Oberstufe	30–45 Min.	■	💣💣	💡💡💡	☺☺

Übungsziel
Die Schüler sollen schwierige Vokabeln durch Assoziieren von Bildern lernen.

Beschreibung der Übung
Wie bei der Merkgeschichte suchen sich die Schüler beim Vokabellernen einen „merkwürdigen" Zusammenhang zwischen der Vokabel und ihrer Übersetzung. Dazu assoziieren sie die Vokabel mit einem „Repräsentanten", den sie wiederum mittels eines Bildes in Verbindung mit der deutschen Übersetzung bringen.

Beispiel:
domus – das Haus

In einem ersten Schritt überlegen sich die Schüler, welcher Begriff ihnen zuerst zu dem lateinischen Wort „domus" einfällt. Das könnte z. B. „der Dom" oder „das Dominospiel" sein. (Gelegentlich sind diese Repräsentanten nur von den Schülern selbst nachvollziehbar.)
Beim nächsten Schritt sollen sich die Schüler ein Verbindungsbild zwischen dem Repräsentanten und der deutschen Übersetzung ausdenken, in unserem Fall also zwischen den beiden Wörtern „Dom" und „Haus". Das könnte folgendes Bild sein:

*Der Schüler kommt nach Hause und muss zu seiner Verwunderung feststellen, dass sich sein **Haus** während seiner Abwesenheit in einen **Dom** verwandelt hat.*

Wenn der Schüler sich dieses Bild in allen Einzelheiten vorstellt, wird er diesen Zusammenhang wie bei der Merkgeschichte über einen längeren Zeitraum im Gedächtnis behalten können.

Bemerkung
Gegenüber solchen Merktechniken wird gelegentlich der Einwand erhoben, dass sie zu umständlich und zeitaufwändig seien. Diese Besorgnis erweist sich in der Praxis jedoch als unbegründet. Zum einen soll diese Technik nicht auf alle Vokabeln angewendet werden. Es bietet sich vielmehr an, gerade die Vokabeln mit diesem Verfahren zu lernen, die sich der Schüler nur schwer einprägen kann. Zum anderen wird der Aufwand dieser Technik sehr oft überschätzt. Schüler besitzen aufgrund ihrer noch stark ausgeprägten Fantasie im Auffinden solcher Verbindungsbilder verblüffende Stärken. Darüber hinaus lässt sich die notwendige Kreativität durch zahlreiche Übungen – z.B. durch das Ausdenken von Merkgeschichten zu vorgegebenen Wörtern – steigern. Der Arbeitsaufwand reduziert sich somit erheblich. Ein weiterer, oft vergessener, aber dennoch außerordentlich wichtiger Vorteil dieser Methode ist die einfache Tatsache, dass das Auffinden von Verbindungswörtern Schülern sehr viel Spaß bereitet. Teilweise versuchen sich die Schüler mit neuen, immer kreativeren Zusammenhängen gegenseitig zu überbieten.

I Gedächtnis, Merktechniken und Vokabellernen

Ideen für den Unterricht

Unter- und Mittelstufe

Unterrichtsverlauf (Unterrichtszeit: 90 Minuten)
Zu Beginn der Stunde werden die Schüler gefragt, ob sie schon einmal einen „Gedächtniskünstler", z. B. im Fernsehen, gesehen haben. Viele Schüler sind fasziniert von derartigen Darbietungen und können sich kaum vorstellen, solche Leistungen selbst zu erbringen. Zur Motivation kann den Schülern bereits jetzt angekündigt werden, dass diese „Gedächtniskünstler" lediglich mit Merktechniken arbeiten und dass diese für alle – also auch für sie – problemlos anwendbar sind.

Zunächst sollen die Grenzen der eigenen Merkleistung ermittelt werden. Hierzu bietet sich für die Unter- und Mittelstufe die Übung *Wörter lernen* auf Seite 15 an. (Gerade jüngere Schüler mögen die Herausforderung solcher Vergleichstests.) Die Ergebnisse der Übung werden schriftlich festgehalten.

Im nächsten Schritt soll geklärt werden, welche Rahmenbedingungen die Merkleistung beeinflussen. Zur Verdeutlichung kann man die Schüler z. B. fragen, was es bei ihnen zu Hause genau vor einem Jahr zum Mittagessen gab; eine Frage, die wohl kaum jemand beantworten kann. Fragt man sie hingegen, was es bei ihrem letzten Geburtstagsfest zu essen gab, wer vielleicht zu Besuch kam oder was man gemeinsam unternommen hat, fällt die Antwort nicht schwer – der Geburtstag ist für die Schüler so wichtig, dass sie sich (auch ohne Merkauftrag) viele Dinge merken, die mit diesem Ereignis in Zusammenhang stehen.

Gemeinsam kann man anschließend nach anderen Ereignissen suchen, die im Gedächtnis bleiben. Auch hier wird sich zeigen, dass sie in irgendeiner Form (subjektiv) außergewöhnlich, wichtig oder eben im wahrsten Wortsinn merkwürdig sind.

Jetzt wird verständlich, warum sich mancher Lernstoff aus der Schule nur mühsam behalten lässt: Für viele Schüler ist er weniger bedeutsam. Ziel des Lerntechnik-Unterrichts ist es daher, Lernstoff – wo möglich – merkwürdig zu gestalten. Als Übung kann hierzu die *Assoziationstechnik* (Übung G-4, Seite 17) oder die *Merkgeschichte* (Übung G-5, Seite 18) durchgeführt werden. Beide Übungen lassen sich beliebig variieren und ausdehnen. So sind Schüler in der Lage, sich Merkgeschichten mit bis zu 50 Wörtern auszudenken und einzuprägen. Neben der Vermittlung der Lerntechnik wird hierbei gleichzeitig die Kreativität gefördert.

Als Anwendung kann man abschließend mit den Schülern das *Bilder-Vokabellernen* (Übung G-13, Seite 36) mit aktuellen Vokabeln ausprobieren.

I Gedächtnis, Merktechniken und Vokabellernen

Mittel- und Oberstufe

Unterrichtsverlauf (Unterrichtszeit: 90 Minuten)

Als Einstieg für die Mittel- und Oberstufe bietet sich die Übung *Wörter-Gedächtnis-Genie* (Übung G-6, Seite 20) an. Hierbei empfiehlt es sich, das System bei der Durchführung der Technik noch nicht zu verraten. Auch wenn das Erlernen der Technik einige Zeit in Anspruch nimmt, so schafft sie doch eine hohe Erwartungshaltung bei den Schülern.

Anschließend wird mit den Schülern geklärt, wie das Gehirn arbeitet und welche Schlüsse aus diesen Erkenntnissen zur Steigerung der eigenen Merkfähigkeit gezogen werden können. Mithilfe der Übung *Mit dem Gedächtnis punkten* (G-2, Seite 11) wird gezeigt,

- dass die Aufnahmefähigkeit beim Lernen von Lerninhalten ohne Zusammenhang beschränkt ist.
  Während sich die Anzahl der Punkte unter zehn noch verhältnismäßig leicht bestimmen lässt, wird es bei einer höheren Anzahl sehr schwierig.
- dass das Gedächtnis einen Speicher besitzt, in dem wir Informationen für kurze Zeit ablegen können.
  Bei einer größeren Anzahl von Punkten werden diese erst gezählt, wenn die Folie bereits verdeckt ist. Das Bild mit den Punkten schwingt noch einige Augenblicke nach.
- dass die Aufnahmefähigkeit sich steigern lässt, wenn geeignete Gruppierungen gefunden werden können.
  Abbildung 5 stellt keine Schwierigkeit dar; der Schüler merkt sich nicht 16 Punkte, sondern (wegen der besonderen Anordnung) $4 \times 4 = 16$ Punkte.
- dass die höchste Motivation bei einem mittleren Schwierigkeitsgrad erzielt wird.
  Folien, auf denen höchstens fünf Punkte abgebildet sind, würden die motivierende Herausforderung nicht bereitstellen und wären somit langweilig; im Gegensatz dazu schrecken Folien mit extrem vielen Punkten ab. So wird Abbildung 6 in der Regel gar nicht mehr bearbeitet.

Um die Bedeutung geeigneter Zusammenhänge zu verdeutlichen kann jetzt die *Assoziationstechnik* (Übung G-4, Seite 17) vorgestellt werden. Im Anschluss bietet es sich an, die eingangs durchgeführte Übung im Kapitel *Wörter-Gedächtnis-Genie* (Übung G-6, Seite 20) zu erklären. Es ist wichtig, dass die Schüler die Übung selbst ausprobieren. Da die Schüler die Wörter dieser Technik noch nicht gelernt haben, erhalten sie als Hilfe das dazugehörige Arbeitsblatt.

Als Anwendung kann man abschließend mit den Schülern das *Bilder-Vokabellernen* (Übung G-13, Seite 36) üben. Alternativ könnten auch mithilfe des *Vokabel-Lerntipp-Mixes* (Übung G-11, Seite 29) die verschiedenen Möglichkeiten des Vokabellernens besprochen werden.

II Hausaufgaben, selbstständiges Arbeiten

Beim Lernen in der Schule erhalten die Schülerinnen und Schüler in der Regel von den Lehrern klare Vorgaben, wie sie das Lernen gestalten sollen. Diese Hilfen stehen den Schülerinnen und Schülern bei den Hausaufgaben nur noch bedingt zur Verfügung. Die Organisation des Lernens zu Hause bleibt weitgehend dem Schüler überlassen; er muss selbstständig entscheiden, wann, wo, mit wem und wie er lernen will.

Viele Schülerinnen und Schüler haben die Gestaltung der Hausaufgaben zu Beginn ihrer Schulzeit von ihren Eltern oder Freunden übernommen und nur in wenigen Fällen später überdacht. Entsprechend sind sie von ihrer eigenen Methode überzeugt und daher oft nicht bereit, diese in Frage zu stellen. Dabei besitzen sie – ohne dass sie sich dessen bewusst sind – gerade bei der Gestaltung der Hausaufgabenerledigung mit die größten Freiräume, ihr Lernverhalten individuell auf ihre Bedürfnisse abzustimmen. Zu diesen Freiräumen gehören u. a. die Wahl

- der individuell besten Zeiten für die Erledigung der Hausaufgaben,
- einer sinnvollen Reihenfolge der Hausaufgaben,
- eines Arbeitsplatzes, an dem das Lernen möglichst leicht fällt,
- einer günstigen Pausenplanung.

Aufgabe des Lerntechnikunterrichts ist es, den Schülerinnen und Schülern diese Freiräume bewusst zu machen und sie zu befähigen, diese optimal zu nutzen. Die Schülerinnen und Schüler sollen erkennen, welche Gestaltung der Hausaufgaben für sie die beste ist.

Im ersten Abschnitt des Kapitels werden verschiedene Übungen zur Planung der Hausaufgaben vorgestellt. Hierbei steht die Eigenverantwortlichkeit beim Lernen im Vordergrund.

Übungen für eine effektive Zeitplanung bei der Erledigung der Hausaufgaben finden sich im zweiten Teil des Kapitels. Viele Schülerinnen und Schüler klagen, dass sie zu wenig Zeit zur Verfügung haben – zu wenig Zeit für die Freizeit, zu wenig Zeit für die Freunde und eben auch zu wenig Zeit für das Lernen. Nun braucht aber das Lernen – wie jede andere Tätigkeit auch – ausreichend Zeit. Wer versucht, hektisch und unter Zeitdruck zu lernen, womöglich sogar zwei (oder mehr) Sachen auf einmal zu erledigen, wird kaum den erwünschten Erfolg erzielen können. Die dargestellten Lernhilfen sollen es den Schülerinnen und Schülern erleichtern, die gewonnenen Erkenntnisse der Hausaufgabenplanung umzusetzen. Hier werden u. a. verschiedene Planungshilfen vorgestellt und zwei mögliche Formen der Hausaufgabenheftführung erläutert.

Im letzten Abschnitt werden schließlich zwei mögliche Unterrichtsverläufe mit Tafelbildern vorgestellt.

II Hausaufgaben, selbstständiges Arbeiten

Erledigung der Hausaufgaben

1 Mein Lerntipp (E), (S)

Altersgruppe	Zeitaufwand	Sozialform	Lautstärke	Lerneffizienz	Beliebtheit
Unter- bis Oberstufe	10–20 Min.	■	💣💣	💡💡	☺☺

Übungsziel
Die Schüler sollen
- sich ihr eigenes Lernverhalten bei den Hausaufgaben bewusst machen.
- sollen erkennen, dass es unterschiedliche Gestaltungsmöglichkeiten der Hausaufgaben gibt.

Material
Pro Lerngruppe ein Satz Lerntipp-Karten (Kopiervorlagen auf den Seiten 41 und 42).

Beschreibung der Übung
Zu Beginn der Übung erhält jeder Schüler vom Lehrer drei beliebige Karten, auf denen jeweils ein Lerntipp zu den Hausaufgaben steht. Anschließend sollen die Schüler versuchen, Karten, deren Lerntipps sie für weniger sinnvoll oder ungeeignet halten, bei ihren Mitschülern gegen andere einzutauschen. Nach einer vorher vereinbarten Zeit können die Schüler in der Kleingruppe begründen, warum sie sich für ihre Karten entschieden haben. Hierbei sollten auch bereits gemachte Erfahrungen mit Lerntipps zum Thema Hausaufgaben erörtert werden.

Übungsvariante
Checkliste: Hausaufgaben, Seite 43.

Mein Lerntipp

Der einfache Start

Hausaufgaben beginne ich stets mit leichten Aufgaben. Die schwierigen Aufgaben erledige ich erst, wenn ich bereits „aufgewärmt" bin.

Mein Lerntipp

Der schwere Start

Hausaufgaben beginne ich stets mit den schwersten Aufgaben, damit ich sie erledigt habe, solange ich noch fit bin.

Mein Lerntipp

Fester Arbeitsplatz

Damit ich mich bei den Hausaufgaben gut konzentrieren kann, ist für mich ein fester Arbeitsplatz wichtig.

Mein Lerntipp

Freunde

Wenn ich die Hausaufgaben mit meinen Freunden erledige, lerne ich häufig mehr, als wenn ich sie alleine mache.

Mein Lerntipp

Mündliches zum Schluss

Mündliche Hausaufgaben erledige ich erst, wenn alle schriftlichen erledigt sind.

Mein Lerntipp

Mündliches zwischendrin

Mündliche Hausaufgaben streue ich zur Abwechslung immer zwischen die schriftlichen ein.

Mein Lerntipp

Reihenfolge

Die Reihenfolge der Hausaufgaben wähle ich nicht zufällig aus, sondern versuche sie sorgfältig zu planen.

Mein Lerntipp

Musik

Manche Hausaufgaben kann ich besser mit Musik erledigen. Nur wenn ich mich sehr konzentrieren muss, lasse ich sie lieber weg.

Mein Lerntipp

Ohne Pausen

Um Zeit zu sparen, versuche ich Pausen bei den Hausaufgaben möglichst zu vermeiden.

Mein Lerntipp

Mit Pausen

Damit ich mich besser konzentrieren kann, plane ich bei der Erledigung meiner Hausaufgaben Pausen fest ein.

II Hausaufgaben, selbstständiges Arbeiten

Mein Lerntipp

Lernen am Mittag

Ich habe für mich festgestellt, dass ich meine Hausaufgaben am besten mittags erledigen kann.

Mein Lerntipp

Lernen am Abend

Ich habe für mich festgestellt, dass ich einige Hausaufgaben auch am späten Nachmittag oder am Abend erledigen kann.

Mein Lerntipp

Ruhe bei der Arbeit

Für mich ist es wichtig, dass ich meine Hausaufgaben in einer sehr ruhigen Umgebung erledige.

Mein Lerntipp

Hausaufgabenheft

Zu erledigende Hausaufgaben schreibe ich ordentlich in ein spezielles Heft auf; so geraten sie nicht in Vergessenheit.

Mein Lerntipp

Übersichtlicher Arbeitsplatz

Für die Erledigung der Hausaufgaben benötige ich einen aufgeräumten Arbeitsplatz. Andernfalls werde ich sofort abgelenkt.

Mein Lerntipp

Eltern

Bei der Erledigung meiner Hausaufgaben ist die Hilfe meiner Eltern für mich sehr wichtig.

Mein Lerntipp

Belohnung

Immer wenn ich einen Teil meiner Hausaufgaben geschafft habe, gebe ich mir selbst eine kleine Belohnung.

Mein Lerntipp

Telefon-Stopp

Damit ich während der Erledigung der Hausaufgaben nicht abgelenkt werde, stelle ich, wenn möglich, vorher das Telefon ab.

Mein Lerntipp

Der Gedanken-Zettel

Wenn mir bei den Hausaufgaben störende Gedanken kommen, schreibe ich sie einfach auf einen Zettel auf. So können sie nicht in Vergessenheit geraten.

Mein Lerntipp

Die Essenspause

Nach dem Essen fange ich nicht sofort mit der Erledigung der Hausaufgaben an, sondern warte mindestens 20 Minuten.

2 Checkliste: Hausaufgaben (E)

Altersgruppe	Zeitaufwand	Sozialform	Lautstärke	Lerneffizienz	Beliebtheit
Unter- bis Oberstufe	10–20 Min.	••••	💣	💡	☺☺

Übungsziel
Die Schüler sollen
- sich ihr eigenes Lernverhalten bewusst machen.
- sollen unterschiedliche Lernwege erkennen und diskutieren.

Material
Pro Schüler eine Checkliste (Kopiervorlage auf Seite 44).

Beschreibung der Übung
Die Schüler erhalten die Arbeitsblätter, die sie in Stillarbeit ausfüllen. Anschließend werden die Ergebnisse in der Klasse ausgewertet und diskutiert. Hierbei sollte man die Schüler darauf aufmerksam machen, dass es nicht *den* idealen Lernweg geben kann, sondern dass sich jeder Schüler *seinen* besten Lernweg suchen muss.

Aufbaumöglichkeiten
Die *Lernleistungskurve,* Seite 45, der *Konzentrationstest I,* Seite 48.

Checkliste: Hausaufgaben

Kreuze an, welche Aussagen für dich zutreffen.

1. **Aufgegebene Hausaufgaben ...**
   - schreibe ich direkt in ein spezielles Hausaufgabenheft.
   - notiere ich in das jeweilige Schulheft.
   - merke ich mir im Kopf.

2. **Meine Hausaufgaben erledige ich ...**
   - möglichst noch in der Schule.
   - direkt nach dem Mittagessen.
   - 15 bis 30 Minuten nach dem Mittagessen.
   - am späten Nachmittag oder Abend.

3. **Meine Hausaufgaben erledige ich ...**
   - an verschiedenen Orten.
   - in der Küche oder im Wohnzimmer.
   - an meinem Schreibtisch.

4. **Hausaufgaben erledige ich ...**
   - immer allein.
   - oft mit meinen Eltern.
   - manchmal mit meinen Freunden.

5. **Wenn ich mich an die Hausaufgaben setze, ...**
   - fühle ich mich von Beginn an ziemlich fit.
   - bin ich eher unkonzentriert.

6. **Zu Beginn der Hausaufgaben erledige ich ...**
   - erst einmal die schwierigen Hausaufgaben.
   - die leichten Hausaufgaben.
   - irgendetwas (egal).

7. **Für die Reihenfolge der Hausaufgaben ...**
   - erstelle ich mir jeden Tag einen Plan.
   - habe ich ein festes System.
   - wende ich keine besondere Methode an.

8. **Die mündlichen Hausaufgaben sind für mich ...**
   - eher unwichtig, deshalb mache ich sie (wenn überhaupt) erst am Ende.
   - sind für mich genauso wichtig wie die schriftlichen.
   - eine willkommene Abwechslung zu den schriftlichen.

9. **Bei den Hausaufgaben ...**
   - fällt es mir häufig schwer, mich nur auf eine Aufgabe zu konzentrieren.
   - arbeite ich konsequent, bis alles erledigt ist.
   - denke ich oft darüber nach, was ich sonst noch anderes machen könnte.

10. **Pausen bei den Hausaufgaben ...**
    - schleichen sich leider manchmal ein. Ich versuche aber dann möglichst schnell wieder an die Arbeit zurückzukehren.
    - vermeide ich aus Zeitgründen ganz.
    - lege ich ab und zu zur Erholung ein.

11. **Musik bei den Hausaufgaben ...**
    - finde ich super.
    - ist bei mir tabu!
    - hilft bei manchen Arbeiten.

12. **Eine Aufgabe über mehrere Tage ...**
    - erledige ich direkt am ersten Tag.
    - verteile ich auf mehrere Tage.
    - erledige ich meist „auf den letzten Drücker".

13. **Hausaufgaben finde ich ...**
    - manchmal langweilig, aber notwendig.
    - gar nicht so schlimm, wie immer gesagt wird.
    - einfach überflüssig.

3 Lernleistungskurve (E)

Altersgruppe	Zeitaufwand	Sozialform	Lautstärke	Lerneffizienz	Beliebtheit
Mittel- und Oberstufe	20–30 Min.	••••	💣	💡	☺

Übungsziel
Die Schüler sollen ihre besten Lernzeiten für die Hausaufgaben bestimmen können.

Material
Pro Schüler ein Arbeitsblatt (Kopiervorlage Seite 47).

Beschreibung der Übung
Die Schüler erhalten das Arbeitsblatt und werden aufgefordert, eine Kurve einzuzeichnen, die ihrer persönlichen Leistungsfähigkeit im Verlauf eines Tages entspricht (siehe Bemerkung 1).
Zur Verdeutlichung kann den Schülern zunächst eine mögliche Leistungskurve an der Tafel vorgezeichnet und erläutert werden.
Nachdem die Schüler ihre persönlichen Leistungskurven eingezeichnet haben, sollen sie in einem senkrechten Streifen die Zeitspanne einzeichnen, während der sie ihre Hausaufgaben normalerweise erledigen. (Werden die Hausaufgaben üblicherweise an zwei Zeitpunkten gemacht, werden entsprechend zwei Streifen eingezeichnet.) Hierbei ist zu beachten, dass die Bearbeitungszeit der Hausaufgaben durch die Breite des Streifens dargestellt wird.

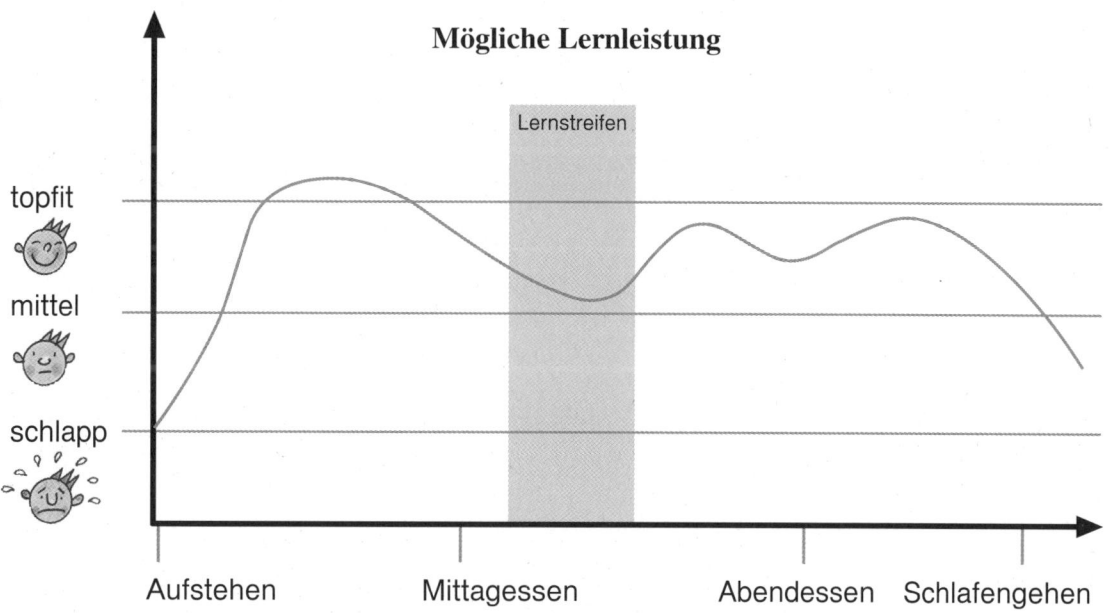

Die so entstandenen Grafiken dienen als Ausgangspunkt für ein Gespräch über einen günstigen Zeitpunkt zur Erledigung der Hausaufgaben (siehe auch Bemerkung 2).

Bemerkungen

1. Jüngeren Schülern sollte vor dem Einzeichnen der Lernleistungskurve erklärt werden, was eine solche Kurve bedeutet. Als Analogie kann die Berg- und Talfahrt einer Achterbahn dienen. „Unten im Tal" bedeutet müde und schlapp, „oben auf dem Berg" fit und leistungsbereit.
2. Die erstellte Grafik gibt den Sachverhalt etwas vereinfacht wieder. In der Realität wird die Suche nach einem günstigen Zeitpunkt für die Hausaufgaben immer schwer sein. Feste Termine wie Trainingszeiten im Sportverein oder Musikunterricht sowie Verabredungen sind mit einzubeziehen. Und schließlich möchte kein Schüler über die Mittagszeit – wenn alle anderen an ihren Hausaufgaben sitzen – alleine spielen, um dann später mit den Hausaufgaben zu beginnen. Es sollte deshalb darauf hingewiesen werden, dass jeder Schüler selbst *seinen* günstigsten Zeitpunkt herausfinden muss. Dabei sollten die Schüler neben festen Terminen und Gewohnheiten auch ihre persönliche Leistungsbereitschaft in Form der erstellten Grafik in Betracht ziehen. Wichtig hierbei ist: Haben sich die Schüler für eine Hausaufgabenzeit entschieden, so sollten sie diese auch über einen längeren Zeitraum beibehalten. Immer wieder wechselnde Arbeitszeiten erschweren den Einstieg in das Lernen.

Ist die Unterrichtsgruppe klein, kann der Lehrer gemeinsam mit den Schülern versuchen, deren optimalen Zeitpunkt für die Hausaufgaben zu finden. Dabei können und sollen die Schüler die Vor- und Nachteile der verschiedenen Lernzeiten abwägen.

Aufbaumöglichkeiten

Der *Konzentrationstest I* und *II*, Seite 48 und 51.

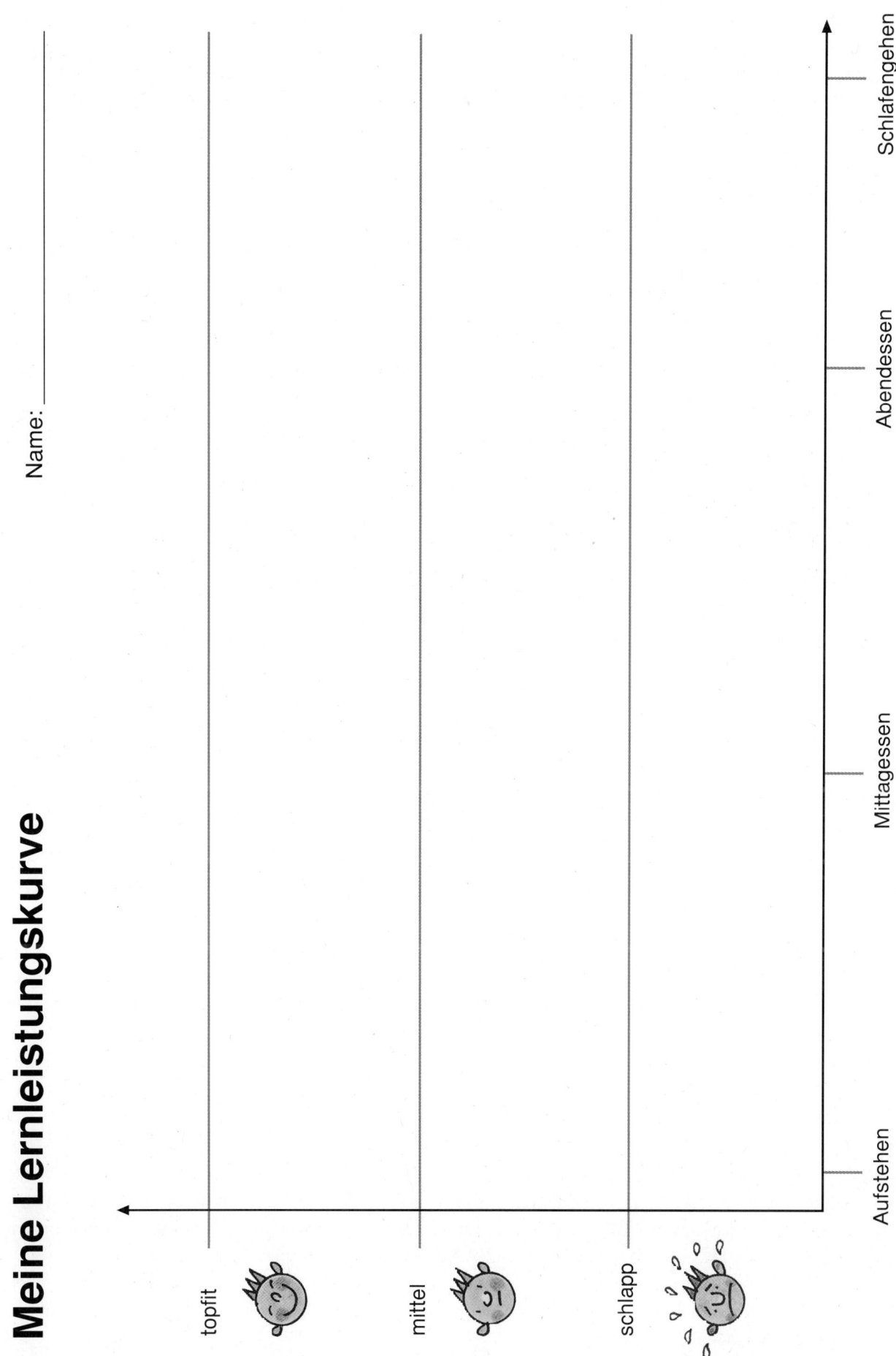

4 Konzentrationstest I: Lernphasen (E)

Altersgruppe	Zeitaufwand	Sozialform	Lautstärke	Lerneffizienz	Beliebtheit
Unter- bis Oberstufe	30–45 Min.	••••	💣	♀♀♀	☺☺

Übungsziel
Die Schüler sollen erkennen, dass
- die Leistungsfähigkeit zu Beginn einer Arbeitsphase vergleichsweise gering ist.
- bei der Bearbeitung der Hausaufgaben möglichst mit etwas Leichtem zu beginnen ist.

Material
Pro Schüler ein Arbeitsblatt (Kopiervorlage auf Seite 50).

Beschreibung der Übung
Im Gespräch mit den Schülern wird überlegt, mit welchen Hausaufgaben man beginnen sollte, ob mit den schwierigen oder mit den leichten. Bei der Klärung dieser Frage kommen sehr unterschiedliche Herangehensweisen zum Vorschein. Da in der Regel jeder Schüler seine Methode begründen kann, wird vorgeschlagen, hierzu einen Test durchzuführen: den Konzentrationstest.
Dieser Konzentrationstest ist in drei Abschnitte unterteilt. Im ersten Abschnitt soll der Schüler sieben Minuten lang die Kästchen in folgender Weise bearbeiten:

Jedes Kästchen stellt einen Auftrag dar. Die beiden Aufgaben werden einzeln gerechnet. Beispielsweise im ersten Kästchen:

$$7 + 2 - 4 \quad (= 5)$$
$$5 - 2 + 3 \quad (= 6)$$

Der Schüler soll auf den im Kästchen eingezeichneten Strich die Differenz zwischen der größeren Ergebniszahl (hier die 6) und der kleineren Ergebniszahl (5) schreiben (im Beispiel also die 1). Die richtige Bearbeitung wäre somit:

$$\boxed{\begin{array}{l} 7 + 2 - 4 \quad 5 \\ 5 - 2 + 3 \quad 6 \end{array} \quad \underline{\mathbf{1}}}$$

Damit ist der erste Auftrag erledigt und man kann zum nächsten Kästchen übergehen.
Vor der Bearbeitung des Tests werden die Schüler darauf hingewiesen, dass sie sich während der sieben Minuten selbst beobachten sollen. Als Leitfragen könnten vorgegeben werden:
- Wann arbeite ich schnell und effektiv: am Anfang, in der Mitte oder gegen Ende der sieben Minuten?
- Was stört mich während der Bearbeitung und was fördert meine Lernleistung?

Auch wenn der Arbeitsauftrag aufgrund der geringen mathematischen Anforderung vergleichsweise einfach erscheint, erfordert der Test ein hohes Maß an Konzentration, das sich nur über kurze Zeit aufrecht erhalten lässt. Ohne Pausen fällt die Testperson schon nach wenigen Minuten in Konzentrationslöcher, die z. B. „12 – 9" zur schwierigen Aufgabe werden lassen.
Im Auswertungsgespräch werden die Schüler gefragt, zu welchen Zeiten sie besonders gut arbeiten konnten. Meist zeigt sich, dass es den Schülern gerade zu Beginn schwer fällt, sich auf die Aufgaben

zu konzentrieren. Das Umstellen von einem Gespräch auf eine Stillarbeit erfordert Zeit. Die volle Leistungsfähigkeit entfaltet der Lernende erst nach einigen Minuten der Eingewöhnung. Diese Eingewöhnungszeit muss auch bei der Erledigung der Hausaufgaben berücksichtigt werden. (Vgl. auch ersten Unterrichtsentwurf auf Seite 72.) Zur Veranschaulichung sollen die Schüler eine persönliche Leistungskurve der sieben Minuten zeichnen.

Beispiel:

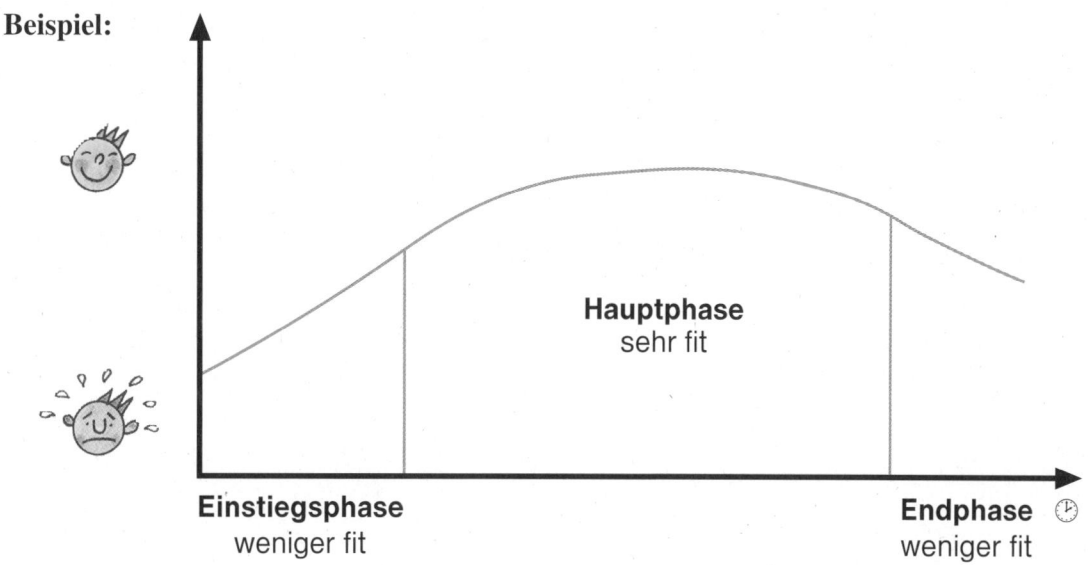

Lösungen des Konzentrationstests

Test 1					Test 2					Test 3				
1	6	5	2	1	2	7	1	6	2	3	1	4	7	9
7	7	2	3	3	4	1	9	8	4	2	2	4	4	2
8	1	2	3	5	9	5	3	5	3	2	6	8	1	7
4	5	2	1	4	6	4	3	4	9	9	6	3	4	1
3	6	3	2	6	3	7	9	7	4	4	7	8	4	9
3	9	4	1	8	4	2	4	7	3	3	1	1	6	4
2	8	9	4	7	9	5	2	6	5	4	3	5	5	3
8	4	1	7	6	7	6	1	4	3	7	4	1	6	5
2	1	7	3	3	5	1	3	6	5	9	9	5	4	4
6	4	3	4	4	4	3	4	1	8	1	8	2	3	5

Bemerkung
Jüngeren Schülern sollte vor dem Einzeichnen der Lernleistungskurve erklärt werden, was eine solche Kurve darstellt. (Vgl. auch Bemerkungen auf Seite 46.)

Aufbaumöglichkeit
Der *Konzentrationstest II,* Seite 51.

II Hausaufgaben, selbstständiges Arbeiten

Konzentrationstest 1: _____ Anzahl der richtigen Aufgaben: _____

7 + 2 − 4 5 − 2 + 3	6 + 4 + 1 3 + 9 − 7	3 − 1 + 7 8 − 5 + 1	5 − 2 − 2 4 + 7 − 8	2 + 8 − 1 5 − 2 + 7
8 + 3 + 1 4 + 4 − 3	8 − 3 − 1 3 + 6 + 2	6 + 1 + 3 5 − 4 + 7	1 + 7 − 2 7 − 3 − 1	1 + 5 + 2 6 − 2 + 7
9 − 3 + 2 2 + 8 + 6	4 + 4 + 1 2 + 7 + 1	1 + 6 − 3 9 − 6 − 1	4 + 1 + 8 2 − 1 + 9	8 − 1 − 2 3 − 2 + 9
9 − 5 − 1 5 − 2 + 4	5 − 3 + 1 7 + 2 − 1	4 + 1 − 2 6 + 3 − 4	6 + 6 − 7 3 + 5 − 4	6 − 1 + 8 4 + 7 − 2
4 + 7 + 1 3 + 2 + 4	8 + 7 − 6 4 + 5 + 6	3 + 4 + 5 6 + 5 − 2	9 − 8 + 5 7 + 3 − 6	3 + 6 + 2 2 + 9 − 6
4 − 2 + 7 1 + 9 − 4	4 + 2 + 8 8 − 5 + 2	4 − 2 − 3 4 + 5 − 2	3 + 3 + 6 2 + 2 + 9	3 − 1 + 7 8 − 6 − 1
4 + 3 − 4 2 + 6 − 3	4 + 5 + 8 3 + 9 − 3	1 + 5 + 7 6 − 5 + 3	4 + 2 + 5 4 + 3 + 8	7 − 4 − 1 8 + 2 − 1
5 + 4 − 8 7 − 6 + 8	7 + 4 − 5 5 − 3 + 8	5 + 4 + 3 9 − 4 + 6	4 + 8 − 3 5 − 4 + 1	4 + 7 + 2 5 + 5 − 3
3 + 9 − 5 4 + 7 − 2	2 − 1 + 7 4 + 2 + 1	2 + 4 + 8 6 + 5 − 4	3 + 6 − 2 6 + 7 − 9	7 − 6 + 8 5 − 2 + 3
4 − 2 + 6 4 + 2 + 8	1 + 5 + 2 6 + 2 − 4	9 + 3 − 6 4 + 8 − 9	7 + 3 − 1 7 − 3 + 1	3 − 1 + 2 3 + 1 + 4

Konzentrationstest 2: _____ Anzahl der richtigen Aufgaben: _____

6 + 2 − 4 5 − 2 + 3	2 + 7 − 1 4 + 5 + 6	4 + 1 − 2 9 − 6 − 1	7 + 1 + 3 8 − 4 + 1	1 + 4 + 3 7 − 3 + 2
2 − 1 + 8 1 + 6 − 2	3 + 2 + 6 4 + 7 + 1	4 + 4 + 6 6 + 6 − 7	8 + 3 + 1 6 + 2 − 4	3 − 2 + 7 7 − 1 − 2
8 − 3 − 1 4 + 1 + 8	8 + 7 − 6 7 − 2 − 1	2 + 9 − 4 3 − 2 + 9	5 − 4 + 5 3 + 6 + 2	6 − 2 + 5 2 + 7 − 3
4 + 7 − 2 7 − 3 − 1	5 − 3 + 1 6 − 2 + 3	4 + 5 − 3 3 + 8 − 2	8 − 1 − 2 6 − 4 + 7	5 − 2 − 2 7 + 1 + 2
9 − 5 − 1 9 − 8 + 5	3 + 4 + 5 7 + 3 − 5	2 + 7 + 6 5 − 2 + 3	3 + 6 + 1 4 + 7 − 8	4 − 2 + 3 3 − 2 + 8
5 + 2 + 5 6 − 3 + 5	5 − 3 − 1 4 + 6 − 7	1 + 5 − 4 8 − 6 + 4	5 + 6 − 3 5 + 2 + 8	7 − 6 + 4 5 + 2 + 1
8 − 2 + 6 9 − 5 − 1	6 − 2 + 7 3 − 2 + 5	4 + 6 − 5 5 + 3 − 5	8 − 7 + 4 5 − 2 + 8	3 + 3 + 1 7 + 3 − 8
2 + 8 − 6 3 + 1 + 7	4 − 3 + 7 1 + 6 − 5	4 + 7 − 8 5 − 3 + 2	9 + 3 − 5 6 + 2 − 5	3 + 8 − 4 5 − 2 + 7
2 + 9 − 5 4 + 1 + 6	6 − 5 + 7 4 + 9 − 6	1 + 7 − 3 3 + 1 − 2	4 + 3 − 5 5 − 1 + 4	2 − 1 + 9 7 + 3 − 5
4 + 6 − 3 8 + 1 − 6	5 + 7 − 6 4 − 2 + 7	4 + 7 − 6 4 + 3 + 2	7 + 3 − 5 8 − 6 + 4	4 + 6 + 4 5 + 2 − 1

Konzentrationstest 3: _____ Anzahl der richtigen Aufgaben: _____

4 + 7 − 6 6 − 2 + 4	4 + 2 − 3 7 − 3 − 2	3 + 5 + 2 8 − 3 − 1	5 − 2 + 3 3 + 6 + 4	5 + 4 − 5 7 + 3 + 3
4 − 1 + 3 8 − 2 − 2	5 + 1 − 2 4 + 6 − 8	4 + 7 + 1 6 − 3 + 5	3 − 2 + 9 7 − 3 + 2	8 + 3 + 1 7 + 3 + 4
6 + 2 − 1 5 − 3 + 7	3 + 4 + 3 6 + 2 − 4	2 + 7 + 5 5 − 2 + 3	5 − 4 + 7 3 − 2 + 6	6 + 4 − 7 8 − 2 + 4
9 − 6 − 2 5 − 2 + 7	8 − 5 − 1 2 − 1 + 7	1 + 4 + 3 6 − 2 + 1	4 + 7 − 2 3 + 4 + 6	8 + 1 − 2 2 + 7 − 3
4 + 5 − 2 8 − 4 − 1	4 + 6 − 9 3 + 9 − 4	9 − 8 + 5 7 + 1 + 6	1 + 5 − 2 2 + 9 − 3	7 + 7 − 8 4 + 5 + 6
3 + 6 − 2 6 + 7 − 9	3 + 3 + 6 2 + 2 + 9	5 + 4 + 3 9 − 4 + 6	4 + 7 + 1 4 + 5 − 3	7 + 4 − 5 5 − 3 + 8
3 − 1 + 2 2 + 2 + 4	4 + 6 − 3 7 − 6 + 3	4 + 2 − 3 4 + 5 − 1	1 + 4 + 8 6 − 5 + 7	3 + 9 − 5 4 + 7 − 1
4 − 2 + 6 4 + 3 + 8	3 − 1 + 5 9 − 5 − 1	7 + 3 − 1 7 − 3 + 4	7 − 5 + 8 5 − 3 + 2	5 + 2 − 5 3 + 3 + 1
4 + 5 + 8 3 + 6 − 1	4 + 2 + 8 8 − 5 + 2	4 + 5 − 2 5 − 4 + 1	9 + 3 − 6 4 + 7 − 9	1 + 5 + 2 6 + 2 − 4
2 − 1 + 7 4 + 1 + 4	2 + 6 + 8 5 + 4 − 1	9 − 4 − 1 8 + 1 − 3	4 + 6 − 3 2 + 5 − 3	4 − 1 + 7 1 + 8 − 4

5 Konzentrationstest II: Pausen

Altersgruppe	Zeitaufwand	Sozialform	Lautstärke	Lerneffizienz	Beliebtheit
Unter- bis Oberstufe	30–45 Min.	••••	💣	♀♀♀	☺☺☺

Übungsziel
Die Schüler sollen
- die Bedeutung von Pausen erfahren.
- lernen, nach welchen Zeiten Pausen notwendig sind.

Voraussetzung
Konzentrationstest I, (Seite 48).

Material
Pro Schüler ein Arbeitsblatt (Kopiervorlage auf Seite 50).

Bemerkung
In einem kurzen einführenden Gespräch werden noch einmal die drei wichtigsten Lernphasen (Einstiegsphase, Hauptphase und Endphase, vgl. Seite 49) aus dem ersten Teil des Konzentrationstests wiederholt. Anschließend wird gemeinsam überlegt, welche Möglichkeiten bestehen, den deutlich auftretenden Konzentrationslücken zu begegnen. Was ist zu tun, wenn die Leistung stetig nachlässt, wenn selbst einfachste Rechnungen nicht mehr gelingen? Schnell kommt dann bei den Schülern die Einsicht, dass ein wirksames Mittel gegen diese Konzentrationslöcher Pausen sind – theoretisch jedenfalls. In der Praxis werden diese lernfördernden Maßnahmen von Schülern nur selten genutzt, was sich leicht durch Rückfragen bestätigen lässt. Pausen besitzen den Beigeschmack der „vertrödelten Zeit". In dem Bestreben, keine Zeit zu verlieren, werden Pausen erst gar nicht eingeplant. Da wir uns aber von Zeit zu Zeit erholen müssen, schleichen sich in solchen Fällen Pausen von allein ein, indem wir z. B. aus dem Fenster schauen. Ertappen die Schüler sich bei einer solchen ungewollten Pause, stellt sich bei ihnen ein schlechtes Gewissen ein und sie versuchen, die Arbeit ohne weitere „Zeitverluste" wieder aufzunehmen.
Pausen werden in der Regel erst dann eingesetzt, wenn der Schüler sich überhaupt nicht mehr konzentrieren kann, wenn er „pausenreif" ist. Aber eben diese „Pausenreife" erkennt er daran, dass er zuvor kaum noch richtig arbeiten konnte. Um solche ineffektiven Lernzeiten zu vermeiden, muss der Schüler lernen, *rechtzeitig* Pausen einzulegen! Da das aber in der Praxis vergleichsweise schwer ist (Wann ist ein Schüler beispielsweise während einer Klassenarbeit bereit, den Stift aus der Hand zu legen?), können und müssen Pausen „geübt" werden; das geschieht im *Konzentrationstest II*.

Beschreibung der Übung
Die Schüler erhalten die Anweisung, den zweiten Abschnitt des *Konzentrationstests* wie den ersten zu bearbeiten. Allerdings erhalten sie nun eine geringere Bearbeitungszeit: Ihnen werden zweimal 30 Sekunden in Form von Pausen abgezogen. Der Arbeitsgang sieht demnach folgendermaßen aus: Zwei Minuten rechnen – 30 Sekunden Pause – zwei Minuten rechnen – 30 Sekunden Pause – zwei Minuten rechnen.

Während der Pausen ist es wichtig, dass die Schüler auch wirklich eine Pause einlegen und nichts tun. Sie sollten also in dieser Zeit den Stift aus der Hand legen, vielleicht aus dem Fenster schauen und versuchen, sich zu entspannen. Dies ist für viele Schüler – auch wenn sie das nicht gerne zugeben – schwer. Oft versuchen sie während der Pausen auf das Blatt zu schielen, um schon die nächsten Aufgaben im Kopf zu rechnen. Hierauf sollte man im Vorfeld eingehen und ggf. die Schüler auffordern, das Blatt während der Pausen umzudrehen.

Vermutlich werden die Schüler anfangs gegen diese Unterbrechungen protestieren, da sie befürchten, unnötig Zeit zu verlieren. Gerade deshalb ist es für die Schüler ein eindrucksvolles Ergebnis, wenn sie beim zweiten Durchgang trotz der geringeren Arbeitszeit eine höhere Leistung erzielen.

Die Lernleistungen der beiden Tests lassen sich anhand der Anzahl der richtig bearbeiteten Aufgaben leicht ermitteln.

Bemerkung
In der Fachliteratur findet man viele Vorschläge für die Pausengestaltung, die sich aber teilweise erheblich voneinander unterscheiden. Ein Grund hierfür dürfte in den individuellen Konzentrationsfähigkeiten und den daraus resultierenden Pausenbedürfnissen liegen, die neben dem Alter des Schülers auch von anderen Faktoren abhängen.

Als (nicht allgemeingültige) Orientierung kann folgende Übersicht dienen:
- nach einer Lerneinheit (ca. zehn Minuten) eine Pause von zwei bis drei Minuten,
- nach zwei bis drei Lerneinheiten eine Pause von etwa zehn Minuten,
- nach eineinhalb Stunden Arbeit eine Pause von etwa 30 Minuten.

Aufbaumöglichkeiten
Dieser Test lässt sich auf beliebige andere äußere Rahmenbedingungen übertragen; z. B. können die Aufgaben mit Radiomusik oder einem nebenher laufenden Fernseher bearbeitet werden, um so den Schülern den starken Einfluss dieser Störquellen auf die Arbeitsleistung zu verdeutlichen.

Bemerkung zur Aufbaumöglichkeit
Die Beeinträchtigung der Lernleistung bei Musik muss differenziert betrachtet werden. Bei einfachen Routinearbeiten kann Musik auf einige Schüler durchaus lernfördernd wirken. Das gilt im Besonderen, wenn durch die selbstgewählte Musik andere, unangenehmere Störquellen (Straßenlärm, schreiende Geschwister o. Ä.) übertönt werden.

Als günstige „Lernmusik" eignen sich ruhigere Instrumentalstücke in gemäßigter Lautstärke (wenig über der Wahrnehmungsschwelle), welche die Schüler möglichst ausschließlich zum Lernen hören. Das Radio – mit immer neuen Musikstücken und Sprechunterbrechungen – eignet sich somit weniger als Begleitung bei den Hausaufgaben.

6 Mein bester Arbeitsplatz I

Altersgruppe	Zeitaufwand	Sozialform	Lautstärke	Lerneffizienz	Beliebtheit
Unter- bis Mittelstufe	30–45 Min.	••••	💣	💡	☺☺

Übungsziel
Die Schüler sollen erkennen, welchen Einfluss die Lernumgebung auf die Lernleistung hat.

Voraussetzung
Konzentrationstest I (Seite 48).

Material
Arbeitsblatt: *Konzentrationstest* (Kopiervorlage auf Seite 50).

Beschreibung der Übung
Bei der Suche nach einem günstigen Arbeitsplatz wird mit den Schülern genau das Gegenteil geschaffen: Ein regelrechter „Chaos-Platz", auf dem alles Mögliche erlaubt ist. Vom Comic über das Videospiel zu den Süßigkeiten, alles, was den Schülern einfällt, soll auf diesem Tisch seinen Platz finden. Es soll auf wirklich nichts verzichtet werden. Sobald dieser Chaos-Tisch auch von den Schülern das Prädikat „sehr gut" erhält, sollen die Schüler den zweiten oder dritten Teil des *Konzentrationstests* bearbeiten. Das Chaos soll, soweit es irgend geht, übersehen werden. Anschließend wird das Ergebnis ausgewertet und diskutiert.

7 Mein bester Arbeitsplatz II

Altersgruppe	Zeitaufwand	Sozialform	Lautstärke	Lerneffizienz	Beliebtheit
Unterstufe	30–45 Min.	••••	💣	💡💡	☺

Übungsziel
Die Schüler sollen lernen zu erkennen, wie ihr optimaler Arbeitsplatz aussieht.

Material
Pro Schüler ein Arbeitsblatt (Kopiervorlage auf Seite 54).

Beschreibung der Übung
Die Schüler erhalten ein Arbeitsblatt mit einem skizzierten Schreibtisch, auf dem sie alle Gegenstände einzeichnen sollen, die sich auf ihren Schreibtischen zu Hause befinden. Anschließend wird gemeinsam überlegt, welche Gegenstände auf einem Arbeitstisch notwendig sind (funktionierende Stifte, Geodreieck, Radierer, Lexikon, Atlas, Taschenrechner …) und welche vom Lernen eher ablenken (Comics, Fotos von Freunden, Spielsachen, Regal in der Nähe u. Ä.). Hierbei sollte darauf hingewiesen werden, dass man zur Erhöhung der Konzentrationsfähigkeit zwischen Arbeits- und Freizeiten nicht nur *zeitlich*, sondern auch *räumlich* unterscheiden sollte. (Im Bett neben Comics und Stofftieren fällt das Lernen schwerer, weil hier das Gehirn auf Entspannung umschaltet.)

II Hausaufgaben, selbstständiges Arbeiten H-06

Mein Arbeitsplatz

8 Lexikon-Spiel* (S)

Altersgruppe	Zeitaufwand	Sozialform	Lautstärke	Lerneffizienz	Beliebtheit
Mittel- bis Oberstufe	20–30 Min.	■	💣💣💣	💡💡	☺☺☺

Übungsziel
Die Schüler sollen die Vorteile des Lernens in der Gruppe kennen lernen.

Material
Pro Schüler ein Lexikon-Kärtchen. (Die Kopiervorlagen auf den Seiten 56 bis 58 werden auf Karton (160 g) kopiert und die Spielkarten anschließend ausgeschnitten.)

Beschreibung der Übung
Die Schüler erhalten vom Lehrer jeweils eine Karte, auf der ein Begriff (fett gedruckt) und dessen Erklärung steht.
Zunächst sollen die Schüler ihren Begriff und dessen Erklärung sinngemäß lernen. Sie erhalten dafür etwa zwei bis drei Minuten Zeit. Anschließend sollen die Schüler nur den Begriff gut lesbar auf die Rückseite der Karte schreiben. In der letzten und wichtigsten Phase des Spiels werden die Schüler aufgefordert, ihre Karten mit andern Schülern zu tauschen. Dazu sucht sich jeder Schüler einen Tauschpartner, dem er seinen Begriff und dessen Bedeutung (möglichst ohne auf die Vorderseite der Karte zu schauen) erklärt, bis dieser alles verstanden hat. Es liegt dabei in der Verantwortung des Erklärenden, dass der andere Schüler den Begriff auch wirklich verstanden hat. Im Gegenzug erklärt dieser seinen Begriff. Haben beide Schüler den Begriff ihres Partners gelernt, tauschen die Schüler nun auch die Karten. Die Schüler können sich daraufhin mit ihren neuen Kärtchen auf die Suche nach einem weiteren Tauschpartner begeben.
Die Tauschaktionen werden so lange fortgesetzt, bis jeder Schüler vier oder fünf Begriffe gelernt hat.
In der anschließenden Besprechung können u. a. folgende Fragen erörtert werden:
- Wo und bei wem wurden die Kärtchen gelernt?
- Welche Schüler konnten besser durch das Lesen, welche durch das Hören und welche Schüler konnten besser durch das Erklären lernen?
- Was war für das Behalten der Information wichtig? Glaubwürdigkeit? Interesse? Bezug?

Aufbaumöglichkeit
Das *Gruppen-Lexikon-Spiel,* Seite 59, das direkt im Anschluss an das *Lexikon-Spiel* durchgeführt wird.

---

* Verwendete Wörter aus „Das verrückte Lexikon-Spiel"; erschienen 1988 bei Noris-Spiele, Fürth. Alle Rechte bei Drei Magier Spiele GmbH, 91486 Uehlfeld, Bearbeitung Dr. Bernd Flessener.

II Hausaufgaben, selbstständiges Arbeiten

Lexikon-Spiel

Schmalspießer, waidmännischer Ausdruck für einen Junghirsch mit endenlosem Geweih.

grün   H-08

Lexikon-Spiel

Crassula, über die ganze Erde verbreitete Gattung von Dickblattgewächsen.

grün   H-08

Lexikon-Spiel

Strazze, das Notizheft eines Buchhalters.

grün   H-08

Lexikon-Spiel

Decher, früher in Deutschland gängiges Maß für Felle und Rauchwaren.
(Ein Decher = 10 Stück)

grün   H-08

Lexikon-Spiel

Krotola, in der griechischen antiken Musik eingesetzte Klapper.

grün   H-08

Lexikon-Spiel

Syllabarium, veraltete Bezeichnung für ein von Schulkindern benötigtes Buchstabierbuch oder ABC-Buch.

grün   H-08

Lexikon-Spiel

Busig, die Form eines Gewölbes, dessen Kappen höher als der Schlussstein ansteigen.

grün   H-08

Lexikon-Spiel

Vikunja, die Wildform des Alpakas, eine südamerikanische Lamaart ohne Höcker.

grün   H-08

Lexikon-Spiel

Antenna, die mit Geruchs- und Tastsinnesorganen ausgestatteten Fühler der Insekten, Krebstiere und Tausendfüßler.

grün   H-08

Lexikon-Spiel

Häckerling, mit einer Häckselmaschine zerkleinertes Stroh, das im Fachwerkbau benötigtem Lehm beigemengt wird.

grün   H-08

Lexikon-Spiel

Labrum, wissenschaftliche Bezeichnung für die Oberlippe der Mundwerkzeuge der Insekten.

grün   H-08

Lexikon-Spiel

Würfelturban, essbare, im Mittelmeer lebende Altschnecke mit auffällig geflecktem Gehäuse.

grün   H-08

Lexikon-Spiel **Lamia,** eine kinderraubende Schreckensgestalt aus dem altgriechischen Volksglauben. grün H-08	**Lexikon-Spiel** **Pulo,** aus dem 15. und 16. Jahrhundert stammende russische Kupfermünze. grün H-08
Lexikon-Spiel **Mikrotom,** ein in der Mikroskopie verwendetes Schneidegerät zum Anfertigen dünnster Schnitte einer Substanz. grün H-08	**Lexikon-Spiel** **Zanderapparat,** ein in der Medizin zur Heilung von Wirbelsäulenverkrümmung eingesetztes Gerät. grün H-08
Lexikon-Spiel **Dechsel,** von Zimmerleuten verwendetes, beilähnliches Werkzeug zum Zurichten von Balken. grün H-08	**Lexikon-Spiel** **Defraudant,** vornehme Bezeichnung für jemanden, der einen Betrug oder eine Unterschlagung begeht. grün H-08
Lexikon-Spiel **Otolith,** aus Kalk bestehendes Körperchen im Innenohr eines Fisches. rot H-08	**Lexikon-Spiel** **Gymnopode,** ein Mönch, der sich in Barfüßigkeit übt; ein Barfüßermönch. rot H-08
Lexikon-Spiel **Morion,** auch als Rauchquarz bekannter, dunkelbrauner bis fast schwarzer Bergkristall. rot H-08	**Lexikon-Spiel** **Urtiter,** für die Durchführung von Analysen benötigte chemische Lösung mit genau bekanntem Gehalt. rot H-08
Lexikon-Spiel **Jatropha,** eine Kakteenart, die zur Gattung der Wolfsmilchgewächse gehört und in ganz Amerika und Afrika verbreitet ist. rot H-08	**Lexikon-Spiel** **Pomuchel,** aus Osteuropa stammende Bezeichnung für einen Dorsch. rot H-08

Lexikon-Spiel

Wassertriel, im südlichen Afrika beheimateter, kiebitzartiger Vogel, der sich vorwiegend von Insekten ernährt.

rot

Lexikon-Spiel

Bubo, eine entzündliche Schwellung der Lymphknoten in der Leistenbeuge.

rot

Lexikon-Spiel

Alexie, Buchstaben- oder Wortblindheit, allgemein für Leseunfähigkeit.

rot

Lexikon-Spiel

Sanktesewöles, aus dem Rotwelschen, der Sprache der Landstreicher und Gauner, stammende Bezeichnung für einen Künstler.

rot

Lexikon-Spiel

Kuzbass, ein bekanntes Steinkohlebergbau- und Industriegebiet in der ehemaligen Sowjetunion.

rot

Lexikon-Spiel

Schleierdame, sehr seltene und bizarr geformte Pilzart, die der Stinkmorchel ähnlich ist.

rot

Lexikon-Spiel

Stuhlpfette, parallel zum First oder zur Traufe liegendes Holz in einem Dachstuhl oder Dachverband.

rot

Lexikon-Spiel

Hangendes, bergmännischer Ausdruck für die Gebirgsschicht über einer Lagerstätte.

rot

Lexikon-Spiel

Volapük, dem Esperanto vergleichbare, heute nicht mehr gebräuchliche, künstliche Weltsprache.

rot

Lexikon-Spiel

Tarpaulin, ein Jutegewebe, das als Futterstoff oder Packmaterial Verwendung findet.

rot

Lexikon-Spiel

Figurant, ein Chortänzer oder Träger meist stummer Nebenrollen im Drama.

rot

Lexikon-Spiel

Kolpos, durch die Gürtung entstehender Faltenbausch beim römischen und griechischen Gewand.

rot

9 Gruppen-Lexikon-Spiel (S)

Altersgruppe	Zeitaufwand	Sozialform	Lautstärke	Referenzeffizienz	Beliebtheit
Mittel- bis Oberstufe	10–15 Min.	■	💣 💣 💣	💡💡	☺☺☺

Übungsziel
Die Schüler sollen lernen, wie sich eine Lerngruppe organisieren lässt.

Voraussetzung
Das *Lexikon-Spiel* (Seite 55). Das *Gruppen-Lexikon-Spiel* wird direkt im Anschluss an das *Lexikon-Spiel* durchgeführt.

Material
72 Karten (Kopiervorlagen auf den Seiten 60 bis 63). Die Vorlagen werden auf Karton (160 g) kopiert und die Spielkarten anschließend ausgeschnitten.

Beschreibung der Übung
Für das *Gruppen-Lexikon-Spiel* wird das *Lexikon-Spiel* nach einer kurzen Tauschphase unterbrochen. Ohne dass die Schüler darauf vorbereitet wurden, erteilt der Lehrer ihnen den Auftrag, sich in zwei Gruppen zu finden, in eine „grüne Gruppe" und in eine „rote Gruppe". Die Gruppenzugehörigkeit ergibt sich durch die unten links auf der Lexikon-Karte verzeichneten Farben rot oder grün (vgl. *Lexikon-Spiel*, Seite 55), die sie zur Zeit der Unterbrechung in der Hand halten.
Nun müssen sie jeweils als Gruppe versuchen, alle 18 Begriffe ihrer Farbe zu lernen. Hierzu erhalten die beiden Gruppen vom Lehrer auch die bis dahin noch nicht verwendeten Karten, sodass insgesamt 36 Karten im Umlauf sind.
Sobald eine Gruppe meint, alle Begriffe gelernt zu haben, händigt sie ihre Lexikon-Karten dem Lehrer aus und erhält dafür 36 Karten des *Gruppen-Lexikon-Spiels*. Jetzt werden zunächst die 18 Kärtchen mit den Begriffen entsprechend den Zahlen in der rechten oberen Ecke untereinandergelegt. Wenn die Schüler anschließend die Karten mit den richtigen Bedeutungen der Begriffe daneben legen, ergeben die dort verzeichneten, ebenfalls in der rechten Ecke stehenden Buchstaben einen Lösungssatz:
    Grüne Gruppe: *Schade, sagte die Made.*
    Rote Gruppe: *Im Dunkeln zu munkeln.*
In der anschließenden Besprechung können neben den Fragen auf Seite 55 auch folgende Punkte erörtert werden:
- Wie hat sich die Gruppe organisiert?
- Welche Schwierigkeiten gab es bei der Bewältigung der gestellten Aufgabe?

Tipp: Werden die Karten auf roten und grünen Karton kopiert, lassen sie sich später leicht wieder sortieren.

Aufbaumöglichkeit
Organisation einer Lerngruppe, Seite 64.

II Hausaufgaben, selbstständiges Arbeiten

Gruppen-Lexikon-Spiel 1	Gruppen-Lexikon-Spiel S	Gruppen-Lexikon-Spiel 2
Schmalspießer	Waidmännischer Ausdruck für einen Junghirsch mit endenlosem Geweih.	**Crassula**
Gruppen-Lexikon-Spiel C	Gruppen-Lexikon-Spiel 3	Gruppen-Lexikon-Spiel H
Über die ganze Erde verbreitete Gattung von Dickblattgewächsen.	**Strazze**	Das Notizheft eines Buchhalters.
Gruppen-Lexikon-Spiel 4	Gruppen-Lexikon-Spiel A	Gruppen-Lexikon-Spiel 5
Decher	Früher in Deutschland gängiges Maß für Felle und Rauchwaren. (Ein Decher = 10 Stück)	**Krotola**
Gruppen-Lexikon-Spiel D	Gruppen-Lexikon-Spiel 6	Gruppen-Lexikon-Spiel E
In der griechischen antiken Musik eingesetzte Klapper.	**Syllabarium**	Veraltete Bezeichnung für ein von Schulkindern benötigtes Buchstabierbuch oder ABC-Buch.
Gruppen-Lexikon-Spiel 7	Gruppen-Lexikon-Spiel S	Gruppen-Lexikon-Spiel 8
Busig	Die Form eines Gewölbes, dessen Kappen höher als der Schlussstein ansteigen.	**Vikunja**
Gruppen-Lexikon-Spiel A	Gruppen-Lexikon-Spiel 9	Gruppen-Lexikon-Spiel G
Die Wildform des Alpakas, eine südamerikanische Lamaart ohne Höcker.	**Atenna**	Die mit Geruchs- und Tastsinnesorganen ausgestatteten Fühler der Insekten, Krebstiere und Tausendfüßler.

Gruppen-Lexikon-Spiel 10	Gruppen-Lexikon-Spiel T	Gruppen-Lexikon-Spiel 11
Häckerling grün — H-09	Mit einer Häckselmaschine zerkleinertes Stroh, das im Fachwerkbau benötigtem Lehm beigemengt wird. grün — H-09	**Labrum** grün — H-09
Gruppen-Lexikon-Spiel E	Gruppen-Lexikon-Spiel 12	Gruppen-Lexikon-Spiel D
Wissenschaftliche Bezeichnung für die Oberlippe der Mundwerkzeuge der Insekten. grün — H-09	**Würfelturban** grün — H-09	Essbare, im Mittelmeer lebende Altschnecke mit auffällig geflecktem Gehäuse. grün — H-09
Gruppen-Lexikon-Spiel 13	Gruppen-Lexikon-Spiel I	Gruppen-Lexikon-Spiel 14
Lamia grün — H-09	Eine kinderraubende Schreckensgestalt aus dem altgriechischen Volksglauben. grün — H-09	**Pulo** grün — H-09
Gruppen-Lexikon-Spiel E	Gruppen-Lexikon-Spiel 15	Gruppen-Lexikon-Spiel M
Aus dem 15. und 16. Jahrhundert stammende russische Kupfermünze. grün — H-09	**Mikrotom** grün — H-09	Ein in der Mikroskopie verwendetes Schneidegerät zum Anfertigen dünnster Schnitte einer Substanz. grün — H-09
Gruppen-Lexikon-Spiel 16	Gruppen-Lexikon-Spiel A	Gruppen-Lexikon-Spiel 17
Zanderapparat grün — H-09	Ein in der Medizin zur Heilung von Wirbelsäulenverkrümmung eingesetztes Gerät. grün — H-09	**Dechsel** grün — H-09
Gruppen-Lexikon-Spiel D	Gruppen-Lexikon-Spiel 18	Gruppen-Lexikon-Spiel E
Von Zimmerleuten verwendetes, beilähnliches Werkzeug zum Zurichten von Balken. grün — H-09	**Defraudant** grün — H-09	Vornehme Bezeichnung für jemanden, der einen Betrug oder eine Unterschlagung begeht. grün — H-09

Gruppen-Lexikon-Spiel 1	Gruppen-Lexikon-Spiel I	Gruppen-Lexikon-Spiel 2
Otolith	Aus Kalk bestehendes Körperchen im Innenohr eines Fisches.	**Gymnopode**
Gruppen-Lexikon-Spiel M	Gruppen-Lexikon-Spiel 3	Gruppen-Lexikon-Spiel D
Ein Mönch, der sich in Barfüßigkeit übt; ein Barfüßermönch.	**Morion**	Auch als Rauchquarz bekannter, dunkelbrauner bis fast schwarzer Bergkristall.
Gruppen-Lexikon-Spiel 4	Gruppen-Lexikon-Spiel U	Gruppen-Lexikon-Spiel 5
Urtiter	Für die Durchführung von Analysen benötigte chemische Lösung mit genau bekanntem Gehalt.	**Jatropha**
Gruppen-Lexikon-Spiel N	Gruppen-Lexikon-Spiel 6	Gruppen-Lexikon-Spiel K
Eine Kakteenart, die zur Gattung der Wolfsmilchgewächse gehört und in ganz Amerika und Afrika verbreitet ist.	**Pomuchel**	Aus Osteuropa stammende Bezeichnung für einen Dorsch.
Gruppen-Lexikon-Spiel 7	Gruppen-Lexikon-Spiel E	Gruppen-Lexikon-Spiel 8
Wassertriel	Im südlichen Afrika beheimateter, kiebitzartiger Vogel, der sich vorwiegend von Insekten ernährt.	**Bubo**
Gruppen-Lexikon-Spiel L	Gruppen-Lexikon-Spiel 9	Gruppen-Lexikon-Spiel N
Eine entzündliche Schwellung der Lymphknoten in der Leistenbeuge.	**Alexie**	Buchstaben- oder Wortblindheit, allgemein für Leseunfähigkeit.

Gruppen-Lexikon-Spiel 10 **Sanktesewöles** rot — H-09	**Gruppen-Lexikon-Spiel** Z Aus dem Rotwelschen, der Sprache der Landstreicher und Gauner, stammende Bezeichnung für einen Künstler. rot — H-09	**Gruppen-Lexikon-Spiel** 11 **Kuzbass** rot — H-09
Gruppen-Lexikon-Spiel U Ein bekanntes Steinkohlebergbau- und Industriegebiet in der ehemaligen Sowjetunion. rot — H-09	**Gruppen-Lexikon-Spiel** 12 **Schleierdame** rot — H-09	**Gruppen-Lexikon-Spiel** M Sehr seltene und bizarr geformte Pilzart, die der Stinkmorchel ähnlich ist. rot — H-09
Gruppen-Lexikon-Spiel 13 **Stuhlpfette** rot — H-09	**Gruppen-Lexikon-Spiel** U Parallel zum First oder zur Traufe liegendes Holz in einem Dachstuhl oder Dachverband. rot — H-09	**Gruppen-Lexikon-Spiel** 14 **Hangendes** rot — H-09
Gruppen-Lexikon-Spiel N Bergmännischer Ausdruck für die Gebirgsschicht über einer Lagerstätte. rot — H-09	**Gruppen-Lexikon-Spiel** 15 **Volapük** rot — H-09	**Gruppen-Lexikon-Spiel** K Dem Esperanto vergleichbare, heute nicht mehr gebräuchliche, künstliche Weltsprache. rot — H-09
Gruppen-Lexikon-Spiel 16 **Tarpaulin** rot — H-09	**Gruppen-Lexikon-Spiel** E Ein Jutegewebe, das als Futterstoff oder Packmaterial Verwendung findet. rot — H-09	**Gruppen-Lexikon-Spiel** 17 **Figurant** rot — H-09
Gruppen-Lexikon-Spiel L Ein Chortänzer oder Träger meist stummer Nebenrollen im Drama. rot — H-09	**Gruppen-Lexikon-Spiel** 18 **Kolpos** rot — H-09	**Gruppen-Lexikon-Spiel** N Durch die Gürtung entstehender Faltenbausch beim römischen und griechischen Gewand. rot — H-09

10 Organisation einer Lerngruppe

Altersgruppe	Zeitaufwand	Sozialform	Lautstärke	Larneffizienz	Beliebtheit
Oberstufe	15–30 Min.	■	💣	💡💡	☺

Übungsziel
Die Schüler sollen lernen, wie sich eine Lerngruppe planen und gestalten lässt.

Material
Pro Schüler ein Arbeitsblatt (Kopiervorlage auf Seite 65).

Beschreibung der Übung
Zunächst wird in einem Gespräch geklärt, worin die Vorteile einer Lerngruppe liegen.
Hierbei können auch die folgenden Schwierigkeiten angesprochen werden:
- Der Leistungsstand der Teilnehmer einer Lerngruppe ist sehr unterschiedlich.
- Teilnehmer haben eine vereinbarte Vorbereitung nicht gemacht.
- Teilnehmer kommen häufig verspätet zu einer Lerngruppe oder bleiben ganz weg.

Anschließend sollen sich die Schüler in Gruppen zusammenfinden, um mithilfe des Arbeitsblattes eine Lerngruppe konkret zu organisieren.
Es bietet sich an, nach ein oder zwei Wochen die Gruppen zu fragen, welche Erfahrungen die Schüler beim Lernen in der Gruppe machen konnten.

Organisation einer Lerngruppe

1. Zusammensetzung

Welche **Personen** nehmen an unserer Lerngruppe teil?	

2. Zielsetzung

Welches **Ziel** wollen wir zum Schluss erreichen?	
Wie häufig und **wie lange** wollen wir zusammen lernen?	

3. Planung und Vorbereitung

Wann, wie lange und **wo** treffen wir uns das nächste Mal?	
Welche Informationen müssen besorgt werden?	
Welche Probleme müssen durch **Fragen an den Lehrer** geklärt werden?	
Welchen Teilstoff müssen **alle Teilnehmer** bis zum nächsten Treffen bearbeiten?	
Wo soll dabei der **Schwerpunkt** liegen (Grammatik, Verständnis)?	
Wer braucht **Hilfe**? Wer kann helfen und erklären?	

Welche **Vorbereitungen** müssen die **einzelnen Teilnehmer** für das nächste Mal treffen und durchführen?

Name	Vorbereitung	✓

Planung der Hausaufgaben

11 Zeit ist nicht gleich Zeit (E)

Altersgruppe	Zeitaufwand	Sozialform	Lautstärke	Lerneffizienz	Beliebtheit
Mittel- und Oberstufe	20–30 Min.	••••	💣	💡	☺

Übungsziel
Die Schüler sollen lernen, dass die Einschätzung der Zeit stark von der durchgeführten Beschäftigung abhängt.

Material
Keines.

Beschreibung der Übung
Die Schüler werden in vier Gruppen eingeteilt und aufgefordert, ihre Uhren wegzulegen. Ferner wird jede Gruppe mit einer anderen Tätigkeit beauftragt. Die Tätigkeiten könnten zum Beispiel sein:

1. Gruppe: *Lösen von monotonen Kopfrechenaufgaben*
2. Gruppe: *Lösen interessanter Denksportaufgaben*
3. Gruppe: *Einen Comic oder einen Artikel lesen*
4. Gruppe: *Nichtstun*

Nach einem Startzeichen des Lehrers sollen die Gruppen die Zeit (zwei bis drei Minuten) bis zum Schlusszeichen schätzen und auf einen Notizzettel aufschreiben. (Die Schätzungen werden an dieser Stelle noch nicht verglichen.) In den weiteren Runden wechseln die Gruppen die Tätigkeit, um in gleicher Weise die verstrichene Zeit zu schätzen.
Nachdem die Gruppen jede Tätigkeit durchgeführt haben, werden die einzelnen Schätzungen verglichen. Meist ergibt sich hierbei, dass sich die Schätzungen der Gruppen stark voneinander unterscheiden. So wird die Zeit beim Lösen der monotonen Kopfrechenaufgaben und die Zeit ohne Beschäftigung häufig überschätzt.

Aufbaumöglichkeit
TOP-10 des Tages, Seite 67.

12 TOP-10 des Tages (E)

Altersgruppe	Zeitaufwand	Sozialform	Lautstärke	Lerneffizienz	Beliebtheit
Mittel- und Oberstufe	20–30 Min.	••••	💣	💡	☺

Übungsziel
Die Schüler sollen
- sich bewusst werden, wie sie ihre Freizeit gestalten.
- lernen, in der eigenen Freizeitgestaltung Schwerpunkte zu setzen.

Material
Pro Schüler drei Arbeitsblätter (Kopiervorlage auf Seite 68).

Beschreibung der Übung
In einem Gespräch sollen die Schüler sich überlegen, wie viel Zeit sie für welche Tätigkeit verwenden. Hierbei kann u. a. gefragt werden, wie hoch der Fernsehkonsum der Schüler im Durchschnitt ist.
Da eine solche spontane Selbsteinschätzung sehr schwierig ist, erhalten die Schüler drei gleiche Arbeitsblätter, in denen sie ihre Tätigkeiten für drei Tage festhalten können. Im unteren Teil des Arbeitsblattes können die Schüler das TOP-10-Feld mit den Tätigkeiten füllen, in die sie die meiste Zeit investierten.
Nach etwa einer Woche werden die einzelnen Arbeitsblätter besprochen. Hierbei kann diskutiert werden,
- ob die selbstgewählte Zeiteinteilung zufriedenstellend ist,
- ob es Beschäftigungen gibt, die unverhältnismäßig viel Zeit in Anspruch nehmen,
- ob es Zeiten mit sinnlosen Tätigkeiten gibt oder
- wo Verbesserungsmöglichkeiten bestehen.

Bemerkung
Um ein möglichst genaues Ergebnis zu erzielen, wären viele Arbeitsblätter notwendig. Meist füllen jedoch die Schüler die Listen nach mehr als drei Tagen nur noch sehr unzuverlässig aus.

Aufbaumöglichkeiten
Hausaufgabenheft I und *II,* Seite 69 und 71.

II Hausaufgaben, selbstständiges Arbeiten

Tagesverlauf vom _____

Uhrzeit (von – bis)	Tätigkeit	Zeitdauer
–		
–		
–		
–		
–		
–		
–		
–		
–		
–		
–		
–		
–		
–		
–		
–		

Die TOP-10 des Tages

Tätigkeit	Gesamtzeit

13 Hausaufgabenheft I

Altersgruppe	Zeitaufwand	Sozialform	Lautstärke	Lerneffizienz	Beliebtheit
Unter- bis Mittelstufe	15–25 Min.	••••	💣	♀♀♀	☺☺

Übungsziel
Die Schüler sollen
- lernen, ihre Hausaufgaben übersichtlich zu notieren.
- lernen, sich Erfolgserlebnisse bewusst zu machen.
- die vorher gelernten Möglichkeiten der Hausaufgabeneinteilung ausprobieren.

Voraussetzung
Die Besprechung von Hausaufgabeneinteilungen (z. B. *Mein Lerntipp*, Übung H-01, Seite 40) ist sinnvoll, aber nicht unbedingt erforderlich.

Material
Pro Schüler ein Oktavheft (DIN A6, Preis: etwa 0,50 €).

Beschreibung der Übung
Zur Vorbereitung des Hausaufgabenheftes beschriften die Schüler die ersten fünf Seiten des Heftes mit den Werktagen einer Woche. Zusätzlich werden am rechten Rand jeder Seite zwei Spalten mit Bleistift eingezeichnet.

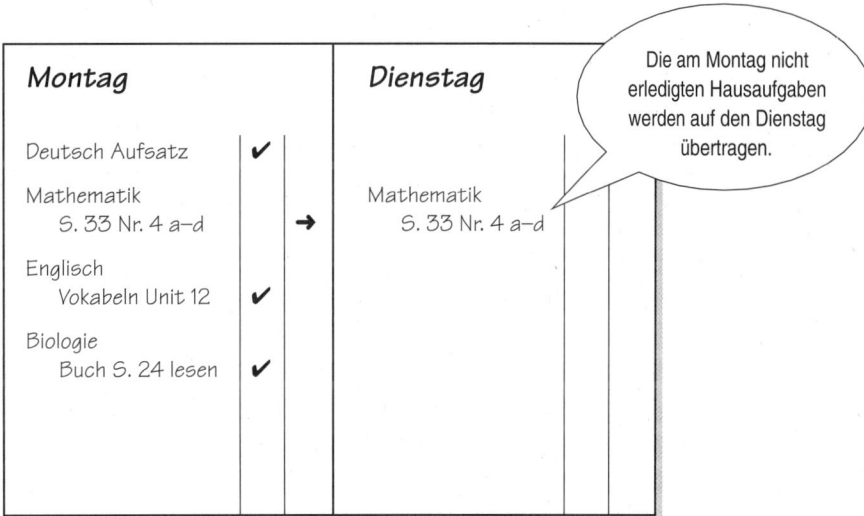

Die Schüler schreiben nun ihre Hausaufgaben in das Heft auf der Seite des Wochentags auf, an dem sie aufgegeben wurden.

Für die Bearbeitung erhalten die Schüler folgende Anweisungen:
1. Erledigte Hausaufgaben werden mit einem Haken versehen.
2. Nicht erledigte Hausaufgaben, die auf einen späteren Tag verschoben werden sollen, werden in der zweiten Spalte mit einem Pfeil gekennzeichnet. Der Schüler trägt mit dem Pfeil die gleiche Hausaufgabe für den folgenden Tag ein (vgl. Abbildung Seite 69). Hieraus ergeben sich zwei Vorteile:
    a) Bei jeder Verschiebung einer Hausaufgabe werden die Schüler durch das erneute Aufschreiben an sie erinnert. Dieser Punkt gewinnt insbesondere dann an Gewicht, wenn Hausaufgaben über mehrere Tage immer wieder verschoben werden.
    b) Der Schüler kann die noch zu erledigenden Aufgaben leicht überschauen. Er muss nicht am Dienstag nachschlagen, welche Hausaufgaben noch vom Montag oder welche vom Freitag der vorherigen Woche zu erledigen sind. Am Ende eines Arbeitstages hat der Schüler alle Hausaufgaben in irgendeiner Form bearbeitet: Entweder hat er sie erledigt und mit einem Haken versehen oder er hat sie durch Übertrag auf den nächsten Tag verschoben.

Bemerkungen
1. Die Schüler sollten darauf aufmerksam gemacht werden, dass es für das Lernen wichtig ist, sich seiner eigenen Leistungen bewusst zu sein. Eine erledigte Hausaufgabe, die mit einem Haken versehen wird, ist eben *erfolgreich* bearbeitet, was sich der Schüler auch optisch durch den Haken vergegenwärtigt.
2. In den ersten Wochen sollte die Führung des Hausaufgabenheftes durch den Lehrer überprüft werden, sodass er bei Unklarheiten helfen kann.
3. Das Hausaufgabenheft kann durch ein Wiederholungsprogramm, z. B. für eine Klassenarbeit oder durch private Verpflichtungen, erweitert werden (vgl. Aufbaumöglichkeit).

Aufbaumöglichkeit
Die *Wiederholungsrallye,* Seite 79.

Übungsvariante
Hausaufgabenheft II, Seite 71.

14 Hausaufgabenheft II

Altersgruppe	Zeitaufwand	Sozialform	Lautstärke	Lerneffizienz	Beliebtheit
Unter- bis Mittelstufe	15–25 Min.	••••	💣	♀♀	☺☺

Übungsziel
Die Schüler sollen lernen, ihre Hausaufgaben sinnvoll und übersichtlich zu notieren.

Material
Pro Schüler ein Hausaufgabenheft (DIN A6, Preis: etwa 0,50 €).

Beschreibung der Übung
Die Hausaufgaben werden im Gegensatz zur üblichen Vorgehensweise nicht für den Tag eingetragen, an dem sie aufgegeben wurden, sondern für den Tag, für den sie zu erledigen sind. Werden beispielsweise am Montag Hausaufgaben für den Freitag aufgegeben, werden sie zunächst auch für den Freitag eingetragen. Häufen sich allerdings die Hausaufgaben für den Freitag, sodass der verfügbare Platz für diesen Tag nicht mehr ausreicht, müssen die Hausaufgaben schon für den Donnerstag eingetragen werden. So soll verhindert werden, dass sich die Schüler zu viele Hausaufgaben für einen Tag vornehmen.

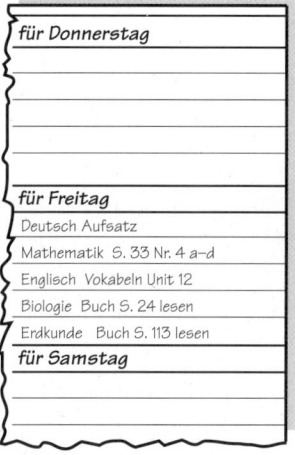

Da unter Freitag keine Zeile mehr frei ist, müssten weitere Hausaufgaben für den Freitag unter Donnerstag eingetragen werden.

Übungsvariante
Hausaufgabenheft I, Seite 69.

Ideen für den Unterricht

Unter- bis Mittelstufe

Besonderheiten der Unterstufe
Gerade Schülern der unteren Klassenstufen fällt das selbstständige Arbeiten schwer. Hausaufgaben zu planen und hierfür *selbst* die Verantwortung zu übernehmen, steht daher im Vordergrund des Lerntechnik-Unterrichts.

Unterrichtsverlauf I (Unterrichtszeit: 90 Minuten)
In einem einführenden Gespräch wird mit den Schülern überlegt, welche Entscheidungsmöglichkeiten ihnen bei der Erledigung der Hausaufgaben zur Verfügung stehen. Diese werden an der (linken) Tafel festgehalten.

<u>Welche Entscheidungen kann ich bei den Hausaufgaben treffen?</u>
– Wann ich arbeite.
– Wo ich arbeite.
– Mit welchen Hausaufgaben ich beginne.
– Welche Reihenfolge ich wähle.
– Ob ich mit oder ohne Musik lerne.
– Ob ich alleine oder mit Freunden lerne.

Damit sich die Schüler dieser Möglichkeiten wirklich bewusst werden, sollten an dieser Stelle noch keine konkreten Lerntipps gegeben werden.
Zur Verdeutlichung der Entscheidungsmöglichkeiten kann beispielsweise gefragt werden, ob es geschickter ist, mit den leichten oder mit den schwierigen Hausaufgaben zu beginnen. Die einen Schüler plädieren, begründet durch die Einstellung „Dann habe ich es hinter mir …", für einen schwierigen Anfang, andere schwören auf einen leichten Einstieg, während wieder andere nach dem „Mal-schauen,-was-zuerst-im-Schulranzen-liegt,-Prinzip" vorgehen.
Gemeinsam kann nun überlegt werden, wie die festgehaltenen Fragen sinnvoll beantwortet werden können. In der Regel ergibt sich aus der Diskussion, dass es *den* „idealen Weg" gar nicht geben kann, sondern dass jeder Schüler *seinen persönlich* besten Lernweg finden muss. Und um diesen zu bestimmen, muss der Schüler selbst ausprobieren, wie er am besten lernen kann. Für ein solches Ausprobieren wird der *Konzentrationstest I* oder *II* (Seite 48 und 51) vorgestellt.
Die Auswertung des Tests erfolgt als Lernleistungskurve und kann auf der Haupttafelseite festgehalten werden. Die aus der anschließenden Diskussion erhaltenen Lerntipps können auf der rechten Tafelseite festgehalten werden:

<u>Lerntipps für die Hausaufgaben</u>
– Fange stets mit dem Leichten an.

Anschließend wird überlegt, warum die Konzentrationslücken bereits nach so kurzer Zeit auftreten. Die Schüler sollen erkennen, dass z. B. das monotone Rechnen auch von einfachen Aufgaben sehr schnell zur Übermüdung führt. Was fehlt, ist die notwendige Abwechslung. Gemeinsam kann daher überlegt werden, wie sich bei den Hausaufgaben eine Abwechslung einbringen lässt. So ließen sich z. B. mathematisch-naturwissenschaftliche Fächer mit sprachlichen abwechseln; weiterhin kann man schriftliche und mündliche Hausaufgaben abwechseln.

Die meisten Schüler erledigen zunächst die schriftlichen Hausaufgaben und erst dann die mündlichen. Somit vergeben sie eine Möglichkeit der Abwechslung! Hieraus ergeben sich weitere Lerntipps, die ebenfalls an der Tafel festgehalten werden, wie z. B.:
- Mündliche und schriftliche Hausaufgaben abwechseln.
- Sprachliche und mathematische Fächer abwechseln.

Was aber, wenn man sich trotz Abwechslung nicht mehr konzentrieren kann? Die Schüler sollen im Gespräch erkennen, dass dann eine Pause notwendig ist (vgl. Seite 51 und 52). Bei dieser Diskussion ergibt sich in der Regel, dass viele Schüler die Notwendigkeit von Pausen grundsätzlich befürworten, aber nur selten bereit sind, diese in der Praxis (z. B. bei den Hausaufgaben oder bei einer schriftlichen Prüfung) wirklich zu planen und einzulegen. (Die Frage, wer beim ersten Teil des Konzentrationstests eine Pause eingelegt hat, verdeutlicht dies.)
Es folgt daher der *Konzentrationstest II* (vgl. Seite 51). Aus der anschließenden Auswertung folgt ein weiterer Lerntipp:
- Lege spätestens nach 15 Minuten eine Pause ein.

Gemeinsam wird nun überlegt, unter welchen Rahmenbedingungen sich der Test noch durchführen lässt. Möglichkeiten wären u. a.:

- **Andere Pausenintervalle:** Die Schüler erhalten während der Bearbeitungszeit viermal 15 Sekunden oder einmal 60 Sekunden Pausen. So kann experimentell festgestellt werden, welche Pausenintervalle für den Schüler geeignet sind.

- **Lernen mit Musik:** Die Schüler sollen den dritten Teil des Tests mit einer selbst ausgewählten Musik bearbeiten. (Vgl. Aufbaumöglichkeit auf Seite 52.) Anschließend kann in einem Gespräch überlegt werden, wann und welche Musik für das Lernen geeignet sein könnte.

- **Lernen an einem „Chaos-Tisch":** Siehe die Übung *Mein bester Arbeitsplatz I,* Seite 53.

Aus den Lernexperimenten können sich folgende Lerntipps ergeben:
- Versuche besonders bei den schwierigen Hausaufgaben keine Musik zu hören.
- An einem guten Arbeitsplatz findest du alles, was man zum Lernen braucht (Lexikon, Stifte, Taschenrechner ...). Alles, was dich ablenken könnte (Spielsachen, Comics ...), sollte vor dem Lernen weggeräumt werden.

Mit den Schülern kann nun überlegt werden, wie sich die erarbeiteten Lerntipps auch wirklich umsetzen lassen. Man sollte sie darauf hinweisen, dass dieser Lernprozess zu Beginn nicht einfach ist. Es ist daher ratsam, dass sich jeder Schüler zunächst für *einen* Lerntipp entscheidet und diesen konsequent für zwei bis drei Wochen ausprobiert. Als Hilfe kann eines der beiden Hausaufgabenhefte vorgestellt werden.
Bei der Einführung des Hausaufgabenheftes ist es (gerade in der Unterstufe) sinnvoll, die Führung des Heftes in den ersten Wochen zu überprüfen. So können auftretende Anfangsschwierigkeiten schnell behoben werden.

II Hausaufgaben, selbstständiges Arbeiten

Mögliches Tafelbild

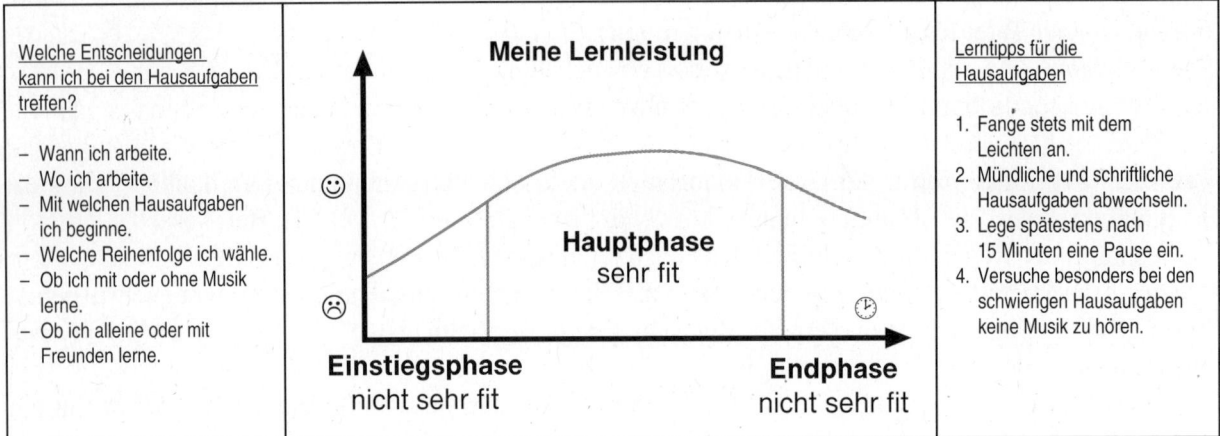

Mittel- und Oberstufe

Besonderheiten Mittel- und Oberstufe

Lern- und Planungsschwierigkeiten bei älteren Schülern äußern sich verschieden: Einerseits fühlen sich Schüler durch den zunehmenden Schulstoff überfordert, andererseits haben sie aufgrund ihrer längeren Lernerfahrung bereits feste Lerngewohnheiten. Ein wesentlicher Bestandteil des Lerntechnik-Unterrichts besteht deshalb im Diskutieren und Vergleichen der verschiedenen Lernmethoden.

Unterrichtsverlauf (Unterrichtszeit: 90 Minuten)

Nach einem kurzen einführenden Gespräch, in dem die Wichtigkeit des selbstständigen Lernens im Hinblick auf die Oberstufe (ggf. auf das Studium) hervorgehoben wird, erhalten die Schüler die *Checkliste: Hausaufgaben* (Seite 43).

Die Auswertung des Fragebogens kann entweder in Kleingruppen oder im gesamten Klassenverband erfolgen. Kleingruppen besitzen hierbei den Vorteil, dass die Schüler bei Unklarheiten konkrete Rückfragen stellen können; der Vergleich im Klassenverband ermöglicht hingegen ein umfangreicheres Ergebnis. Die Schüler sollen bei der Auswertung des Bogens erkennen, dass ihr Lernverhalten bereits in einer Kleingruppe sehr unterschiedlich ist.

Anhand einer zweiten Übung werden die unterschiedlichen Lernzeiten (Hausaufgabenzeiten) deutlich gemacht: Der Lehrer zeichnet an der Tafel einen Tag in Form eines Zeitstrahls. Die Schüler sollen nun auf diesem Zeitstrahl die Zeiten eintragen, in denen sie gewöhnlich ihre Hausaufgaben erledigen. In der Regel ergeben sich hier große Unterschiede: Einige Schüler beginnen unmittelbar nach der Schule mit den Hausaufgaben (teilweise sogar noch vor dem Mittagessen!), andere nehmen sich diese Aufgaben für den späten Nachmittag vor, wieder andere – insbesondere ältere Schüler – bevorzugen den Abend. Diese Ergebnisse sind Ausgangspunkt für die folgende Übung: Die Schüler sollen anhand der *Lernleistungskurve* (vgl. Seite 45) ihre besten Lernzeiten ermitteln. In der Oberstufe sollte in diesem Zusammenhang auch das Lernen am späten Abend angesprochen werden.

Im weiteren Verlauf der Stunde können die Schüler überlegen, wie die Lernleistungskurve *während* einer Arbeitsphase aussieht. Hierbei soll u. a. diskutiert werden, in welchen Lernphasen sich ein Schüler gut konzentrieren kann und in welchen nicht.

Da die Beantwortung dieser Frage nicht einfach ist, schlägt der Lehrer vor, das eigene Lernverhalten zu testen. Es folgt der *Konzentrationstest I* und *II* (Seite 48 und 51). Die Auswertung dieser Tests erfolgt als Lernleistungskurve. Weiterhin lassen sich die Lerntipps aus dem Unterrichtsentwurf I für die Unter- und Mittelstufe übernehmen. Bei der Durchführung der Übung in der Oberstufe sollte eine besondere Gewichtung auf die Pausengestaltung fallen. Je mehr Arbeit Schüler zu erledigen haben, desto weniger sind sie bereit, Pausen einzulegen. Gerade aber an Tagen, an denen Schüler über mehrere Stunden lernen müssen (beispielsweise zur Vorbereitung einer wichtigen Klausur oder eines Referates), ist eine zweckmäßige Pausenplanung unverzichtbar.

Zum Abschluss der Unterrichtseinheit wird mit den Schülern das Lernen in der Gruppe besprochen. Als Einstieg kann hierfür das *Lexikon-Spiel* (vgl. Seite 55) vorgestellt werden. In der Auswertung des Spiels sollte u. a. der Lerneffekt beim Erklären angesprochen werden. Anschließend erhalten die Schüler das Arbeitsblatt *Organisation einer Lerngruppe* (vgl. Seite 64). Die Auswertung erfolgt im Klassenverband.

Mögliches Tafelbild

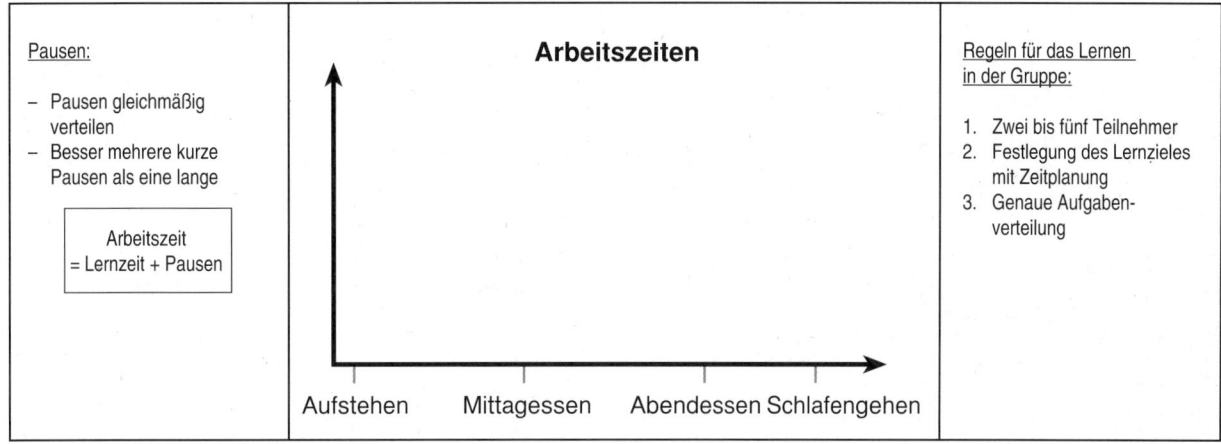

III Prüfungs- und Klassenarbeitsvorbereitung

Wenn sich Schülerinnen und Schüler dazu entschließen, ihr Lernverhalten zu überdenken, dann besitzt das Thema Klassenarbeit häufig den höchsten Stellenwert. Schon bei den jüngsten Schülerinnen und Schülern sind Klassenarbeiten keine reine Leistungsorientierung mehr, nach denen sie ihr weiteres Lernen gestalten. Es stehen nicht die unterlaufenen Fehler und ihre Richtigstellung im Vordergrund, sondern allein die erzielte Note. Infolgedessen ist der Leistungsdruck auf die Schülerinnen und Schüler enorm groß. Dadurch wird zwangsläufig das Lernverhalten beeinträchtigt oder gar blockiert. In einer Prüfungssituation führt dies dazu, dass der Schüler den aufwändig gelernten Stoff nicht mehr weiß; nach der Prüfung hingegen, wenn die Angst gewichen ist, entfällt mit der Angst auch die Blockade – der geforderte Stoff fällt dem Schüler jetzt (leider zu spät!) wieder ein. Wenn sich aber Schülerinnen und Schüler mit großer Anstrengung auf eine Prüfung vorbereiten und sie trotzdem wegen Nervosität nicht die gewünschte Leistung erbringen, kann und wird Frustration unweigerlich die Folge sein.
Der Lerntechnik-Unterricht versucht, diesen Teufelskreis aufzubrechen. Die Schülerinnen und Schüler sollen an eine Prüfung zwar mit dem nötigen Respekt, aber nicht in blockierender Panik herangehen. Hierzu ist es u.a. notwendig, dass im Lerntechnik-Unterricht auf Prüfungsängste eingegangen wird. Bereits das Wissen, dass man mit den Ängsten und den daraus resultierenden Blockaden nicht alleine dasteht, sondern sich in „guter Gesellschaft" von Klassenkameraden befindet, kann eine erste Hilfe sein. Daneben beugt eine sinnvolle Vorbereitung Prüfungsängsten vor. Die häufig sehr unterschiedlichen Vorbereitungszeiten der Schüler lassen sich nicht zwangsläufig auf unterschiedliche Vorkenntnisse zurückführen, sondern liegen vielmehr in den verschiedenen Arbeitsmethoden begründet. Bei der Behandlung der Arbeitsmethoden zur Prüfungsvorbereitung bieten sich folgende Fragen an:
- Wie viele Tage sollten für die Vorbereitung eingeplant werden?
- Wie lässt sich die Vorbereitung organisieren?
- Was lässt sich am Vortag einer Prüfung noch erledigen?
- Wie verhält man sich während einer Prüfung?

Bei der Erörterung dieser Fragen kann auch auf die Gefahr des Überlernens eingegangen werden. Viele Schülerinnen und Schüler versuchen, aus Furcht irgendetwas zu vergessen, alles zu lernen. Dies wird ihnen aber verständlicherweise kaum gelingen. Wenn man versucht, alles bis ins kleinste Detail zu lernen, verliert man den Überblick oder verzettelt sich. Die Schülerinnen und Schüler müssen lernen, sich bei ihren Vorbereitungen auf das Wesentliche zu konzentrieren: Sie müssen Prioritäten setzen. Dies hat zur Folge, dass sie auch unwichtigen Lernstoff als solchen erkennen und sich mit ihm nicht unnötig aufhalten – der „Mut zur Lücke" ist beim effektiven Lernen unerlässlich!

In den ersten drei Abschnitten dieses Kapitels werden Übungen
- zur Prüfungsvorbereitung,
- zum Verhalten während einer Klassenarbeit und
- zur Auswertung einer Klassenarbeit

vorgestellt. Die beiden Übungen zur mündlichen Prüfung im vierten Abschnitt eignen sich im Besonderen für die Oberstufe. Zum Schluss des Kapitels wird schließlich ein möglicher Unterrichtsverlauf vorgeschlagen.

III Prüfungs- und Klassenarbeitsvorbereitung

Vor einer Klassenarbeit

1 Prüfungs-Check (E)

Altersgruppe	Zeitaufwand	Sozialform	Lautstärke	Lerneffizienz	Beliebtheit
Unter- bis Oberstufe	10–20 Min.	••••	💣	♀♀	☺☺

Übungsziel
Die Schüler sollen sich der verschiedenen Schwierigkeiten von Prüfungssituationen bewusst werden.

Material
Pro Schüler ein Arbeitsblatt (Kopiervorlage auf Seite 78).

Beschreibung der Übung
Die Schüler erhalten ein Arbeitsblatt, das sie in Einzelarbeit ausfüllen. Anschließend werden die Ergebnisse in der Gruppe verglichen und besprochen.

III Prüfungs- und Klassenarbeitsvorbereitung P-01

Prüfungs-Check

Kreuze an, inwieweit die folgenden Aussagen für dich zutreffen.

Persönliche Einschätzung	Trifft zu	Trifft zum Teil zu	Trifft nicht zu
Auf eine Prüfung bereite ich mich in der Regel rechtzeitig mit einem Plan vor.	○	○	○
Ich lerne immer bis kurz vor einer Klassenarbeit.	○	○	○
Bei der Vorbereitung einer Prüfung lerne ich auch häufig mit Freunden.	○	○	○
Oft habe ich bei einer Prüfung Angst, vor meinen Mitschülern oder Eltern zu versagen.	○	○	○
Vor einer Klassenarbeit schlafe ich nicht sehr gut.	○	○	○
Manchmal lasse ich mich vor einer Klassenarbeit von meinen Mitschülern verunsichern.	○	○	○
Die spannungsgeladene Atmosphäre vor und während einer Prüfung macht mich sehr unruhig.	○	○	○
Zu Beginn einer Klassenarbeit lese ich mir erst alle Aufgaben durch.	○	○	○
Es macht mich nervös, wenn die Lehrerin oder der Lehrer während einer Klassenarbeit durch die Reihen geht.	○	○	○
Während einer Klassenarbeit komme ich häufig mit der Zeit nicht aus.	○	○	○
Während einer Klassenarbeit mache ich mindestens eine kurze Pause, in der ich den Stift aus der Hand lege.	○	○	○
Obwohl ich mich gründlich vorbereite, fällt mir das Gelernte während einer Klassenarbeit oft nicht mehr ein.	○	○	○
Wenn Mitschüler ihr Arbeitsheft vorzeitig abgeben, gerate ich schnell in Panik.	○	○	○
Oft fällt mir das Gelernte erst ein, wenn ich das Klassenarbeitsheft bereits abgegeben habe.	○	○	○
Ohne Noten würde mir Schule sicher mehr Spaß machen!	○	○	○

2 Wiederholungsrallye

Altersgruppe	Zeitaufwand	Sozialform	Lautstärke	Lerneffizienz	Beliebtheit
Unter- bis Oberstufe	10–20 Min.	••••	💣	💡💡	☺☺

Übungsziel
Die Schüler sollen das Planen einer Klassenarbeit üben.

Material
Pro Schüler ein Arbeitsblatt (Kopiervorlage auf Seite 80).

Voraussetzung
Hausaufgabenheft I (Seite 69).

Beschreibung der Übung
Die Schüler erstellen gemeinsam mit dem Lehrer oder in Einzelarbeit einen Plan für die Prüfung. Zunächst wird für jeden Tag ein Plan erstellt. Bei diesen Planungszielen gilt:
In der *Startphase* sollen sich die Schüler einen ersten Überblick verschaffen. Hierzu zählt, dass sie sich beispielsweise erkundigen, welcher Stoff in der Klassenarbeit abgefragt wird, und dass sie überprüfen, wo ihre Lücken liegen. In der anschließenden *Hauptlernphase* können alleine oder gemeinsam mit Freunden Lücken geschlossen werden. In der letzten Phase kurz vor der Prüfung kommt es in aller Regel zu einer gewissen Nervosität und damit auch zu Blockaden für neue Lerninhalte. Daher ist es wichtig, dass die Schüler in dieser *Schlussphase* keinen neuen Stoff mehr erarbeiten, sondern den bereits gelernten Stoff wiederholen.
Unter diesen Gesichtspunkten tragen die Schüler ihre Ziele in das Planungsblatt ein. Wie bei dem *Hausaufgabenheft I* (Übung H-13, Seite 69) gilt wieder:
1. Erledigte Wiederholungen werden mit einem Haken versehen.
2. Nicht erledigte Vorsätze, die auf einen späteren Tag verschoben werden sollen, erhalten in der zweiten Spalte einen Pfeil. Der Schüler trägt mit dem Pfeil die gleiche Aufgabe für den folgenden Tag ein. So bleibt der Plan übersichtlich und zeigt dem Schüler rechtzeitig, ab wann keine „Verschiebungen" mehr erlaubt sind.

Bemerkung
Einige Schüler haben besonders mit der Startphase Schwierigkeiten: Sie schieben den Beginn ihrer Vorbereitung immer wieder auf, bis sie zeitlich kaum noch durchzuführen ist. Hier kann es sinnvoll sein, wenn sich der Schüler für den ersten Tag des Wiederholungsprogramms ausschließlich darauf beschränkt, den Wiederholungsplan für die folgenden Tage zu erstellen. Sobald dieser festgelegt ist, haben die dort fixierten Vorsätze einen verbindlichen und damit motivierenden Einfluss auf den Schüler.

III Prüfungs- und Klassenarbeitsvorbereitung   P-02

Mein Wiederholungsprogramm

Klassenarbeit am: _____

im Fach: _____

	Was?	✓	↓
1. Lerntag ✓ Überblick verschaffen ✓ Lücken klären			
2. Lerntag ✓ Konzentriert und gezielt lernen ✓ Nicht zu viel lernen			
3. Lerntag ✓ Gezielt lernen ✓ Mit Freunden lernen			
Vortag ✓ Nur noch wiederholen ✓ Keinen neuen Stoff lernen			

© Ernst Klett Verlag GmbH, Stuttgart 2003. Als Kopiervorlage freigegeben.

3 Wir basteln uns eine Klassenarbeit

Altersgruppe	Zeitaufwand	Sozialform	Lautstärke	Lerneffizienz	Beliebtheit
Unter- bis Oberstufe	45–90 Min.	2	💣	💡💡💡	☺☺☺

Übungsziel
Die Schüler sollen
- den Lernstoff für eine Klassenarbeit wiederholen.
- die Nervosität vor Klassenarbeiten verlieren.

Material
Keines.

Beschreibung der Übung
In der ersten Phase der Übung erstellen die Schüler in Einzelarbeit eine Klassenarbeit (oder einen Kurztest) zum aktuellen Lernstoff. Als Hilfe dürfen sie hierzu ihre Hefte und Bücher verwenden.
In der zweiten Phase tauschen sie ihre Klassenarbeiten mit einem Partner und lösen diese in einer vorgegebenen Zeit.
Die bearbeiteten Klassenarbeiten werden schließlich in der dritten Phase wieder zurückgetauscht und von ihren Verfassern korrigiert.

Bemerkungen
1. Es bietet sich an, die Schüler darauf hinzuweisen, dass der Schwierigkeitsgrad der Aufgaben im Verlauf der Klassenarbeit stetig zunehmen sollte.
2. Bei jüngeren Schülern ist es häufig eine Hilfe, wenn die Klassenarbeit in Partnerarbeit erstellt wird und anschließend mit einer anderen Zweiergruppe getauscht wird.

4 „Dumme Fragen" erwünscht

Altersgruppe	Zeitaufwand	Sozialform	Lautstärke	Lerneffizienz	Beliebtheit
Mittel- bis Oberstufe	20–30 Min.	■	💣💣	💡💡	☺☺

Übungsziel
Die Schüler sollen
- vor einer Klassenarbeit Antworten auf noch offene Fragen erhalten.
- die Nervosität vor Klassenarbeiten verlieren.

Material
Karteikarten.

Beschreibung der Übung
Die Schüler formulieren zunächst in Einzelarbeit Fragen zum aktuellen Stoff und schreiben diese auf kleine Kärtchen. Hierbei gilt: pro Kärtchen nur eine Frage. Die Fragekärtchen werden anschließend auf einem Tisch für alle Schüler gut sichtbar ausgebreitet.
Anschließend lesen sich die Schüler die Fragen auf den Kärtchen durch. Sobald ein Schüler etwas zu einer Frage sagen kann, nimmt er das entsprechende Kärtchen in die Hand und beantwortet die Frage. (Er darf das Kärtchen auch in die Hand nehmen, wenn er Rückfragen an den Verfasser des Kärtchens hat.) Danach legt er das Kärtchen wieder auf den Tisch, sodass auch andere Schüler die Möglichkeit erhalten, auf die gleiche Frage einzugehen.

Bemerkungen
1. Ein Vorteil dieser Übung besteht darin, dass der Fragende weitgehend anonym bleibt. So trauen sich auch schüchterne Schüler, eine Frage auf einer Karte zu formulieren.
2. Bei größeren Klassen empfiehlt es sich, die Übung in zwei Gruppen durchzuführen.

Übungsvariante
Die Klasse wird in Kleingruppen (drei bis sechs Schüler) eingeteilt. Wie in der Ausgangsübung schreiben die Schüler Fragen auf Kärtchen. Diese werden verdeckt auf einen Stapel gelegt.
Jetzt ziehen die Schüler reihum ein Kärtchen, lesen die Frage laut vor und versuchen die darauf verzeichnete Frage zu beantworten.

5 Lehrer-Spiel

Altersgruppe	Zeitaufwand	Sozialform	Lautstärke	Lerneffizienz	Beliebtheit
Unter- bis Oberstufe	30–45 Min.	••••	💣	💡💡💡	☺☺☺

Übungsziel
Die Schüler sollen die Nervosität vor Klassenarbeiten verlieren.

Material
Eine Folie und pro Schüler eine Kopie (s. u.).

Beschreibung der Übung
Die Schüler erhalten die Kopie einer bereits geschriebenen (erfundenen) Klassenarbeit, die allerdings eine Reihe von Fehlern aufweist. Aufgabe der Schüler ist es, diese Fehler zu finden und die fiktive Klassenarbeit als „Lehrer" zu beurteilen. Das Ganze kann mit einer Note, einer Unterschrift und nach Wahl mit einem Kommentar des „Lehrers" abgerundet werden. Gerade Letzteres wirkt auf die Schüler sehr motivierend.
Im Anschluss an die Korrektur in Einzelarbeit werden die Beurteilungen an der Tafel oder auf einer Folie verglichen, sodass man sich schließlich auf eine gemeinsame Endnote einigen kann.

Übungsvariante
Die Klasse wird in Kleingruppen eingeteilt. Nun formuliert jede Kleingruppe eine eigene „Klassenarbeit" zum aktuellen Stoff; hierzu dürfen sie Hefte und Bücher verwenden. Anschließend werden die Klassenarbeiten unter den Kleingruppen ausgetauscht und bearbeitet. In der letzten Phase werden die ausgefüllten Klassenarbeiten von der Gruppe, die sie erstellt hat, korrigiert (und benotet).

Bemerkung
Die Realitätsdistanz, die diese Übung mit sich bringt, bietet den Vorteil, dass sich Schüler in der Rolle des Lehrers mit einem für sie normalerweise unangenehmen Thema – der Klassenarbeit – aus einer sicheren Position befassen können. Als Korrigierende können sie keine Fehler machen – sie finden und verbessern sie. Folglich schlüpfen sie im Spiel in die Rolle eines „Experten", was für die Schüler motivierend ist.

6 Spickzettel als Prüfungsvorbereitung

Altersgruppe	Zeitaufwand	Sozialform	Lautstärke	Lerneffizienz	Beliebtheit
Unter- bis Oberstufe	45–90 Min.	■	💣	💡💡💡	☺☺☺

Übungsziel
Die Schüler sollen lernen, sich bei der Prüfungsvorbereitung nur auf das Wesentliche zu konzentrieren.

Material
Keines.

Beschreibung der Übung
Zunächst wird mit den Schülern besprochen, wie ein wirklich guter Spickzettel aussieht. (Diese Gespräche verlaufen meist mit großer Beteiligung der Schüler!)

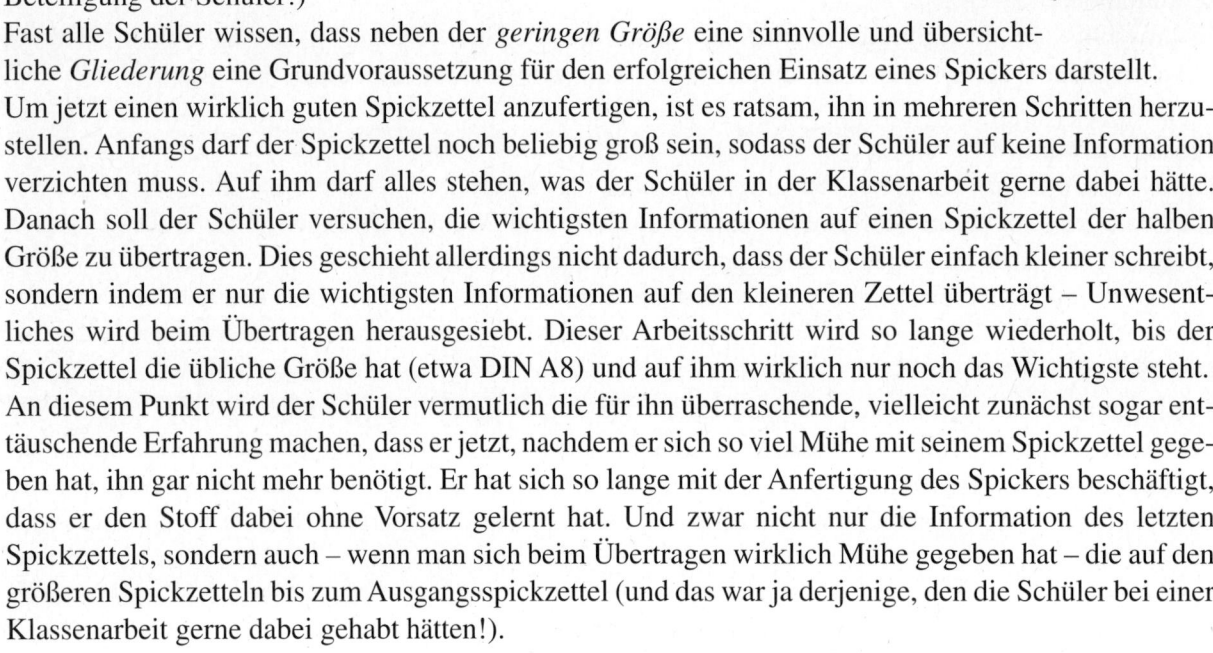

Fast alle Schüler wissen, dass neben der *geringen Größe* eine sinnvolle und übersichtliche *Gliederung* eine Grundvoraussetzung für den erfolgreichen Einsatz eines Spickers darstellt. Um jetzt einen wirklich guten Spickzettel anzufertigen, ist es ratsam, ihn in mehreren Schritten herzustellen. Anfangs darf der Spickzettel noch beliebig groß sein, sodass der Schüler auf keine Information verzichten muss. Auf ihm darf alles stehen, was der Schüler in der Klassenarbeit gerne dabei hätte. Danach soll der Schüler versuchen, die wichtigsten Informationen auf einen Spickzettel der halben Größe zu übertragen. Dies geschieht allerdings nicht dadurch, dass der Schüler einfach kleiner schreibt, sondern indem er nur die wichtigsten Informationen auf den kleineren Zettel überträgt – Unwesentliches wird beim Übertragen herausgesiebt. Dieser Arbeitsschritt wird so lange wiederholt, bis der Spickzettel die übliche Größe hat (etwa DIN A8) und auf ihm wirklich nur noch das Wichtigste steht. An diesem Punkt wird der Schüler vermutlich die für ihn überraschende, vielleicht zunächst sogar enttäuschende Erfahrung machen, dass er jetzt, nachdem er sich so viel Mühe mit seinem Spickzettel gegeben hat, ihn gar nicht mehr benötigt. Er hat sich so lange mit der Anfertigung des Spickers beschäftigt, dass er den Stoff dabei ohne Vorsatz gelernt hat. Und zwar nicht nur die Information des letzten Spickzettels, sondern auch – wenn man sich beim Übertragen wirklich Mühe gegeben hat – die auf den größeren Spickzetteln bis zum Ausgangsspickzettel (und das war ja derjenige, den die Schüler bei einer Klassenarbeit gerne dabei gehabt hätten!).

Bemerkungen
1. Wenn Sie eine solche Spickzettel-AG in der Schule anbieten, kann dies leicht zu Rückfragen verunsicherter Eltern und Kollegen führen. Ihnen sollte man also den pädagogischen Zweck Ihres Tuns frühzeitig erklären. Die rege Beteiligung der Schüler an dieser Übung ist auf jeden Fall gewährleistet.
2. Beim erstmaligen Anfertigen eines Spickzettels in der beschriebenen Form ist die Überraschung über das automatische Lernen sehr groß. Trotzdem lässt sich die Lernmethode „Spicker" mehrfach einsetzen.

7 Wege aus dem Misserfolgskreislauf

Altersgruppe	Zeitaufwand	Sozialform	Lautstärke	Lerneffizienz	Beliebtheit
Oberstufe	20–30 Min.	■	💣	💡💡	☺☺

Übungsziel
Die Schüler sollen erkennen, wie sich Misserfolg und Motivation gegenseitig bedingen.

Material
Keines.

Beschreibung der Übung
Mit den Schülern wird im Gespräch erarbeitet, welche Folgen ein Misserfolg in der Schule (z. B. schlechte Note oder Beurteilung) haben kann. Der daraus entstehende Misserfolgskreislauf kann an der Tafel oder auf einer Folie festgehalten werden (vgl. Abbildung). Anschließend wird gemeinsam überlegt, wie und an welchen Stellen sich der Kreislauf aufbrechen lässt.

> **Beispiele:**
> **A:** Genaue Analyse der unterlaufenen Fehler bzw. der Misserfolgsursachen (vgl. auch Übung P-10, Seite 91).
> **B:** Wiederholungsprogramm in kleinen Schritten (vgl. auch Übung H-13, Seite 69).
> **C:** Systematische Prüfungsvorbereitung (vgl. auch Übung P-2, Seite 79).
> **D:** Durchführung einer Probeprüfung (vgl. auch Übungen P-5 oder P-6, Seite 83 und 84).

Übungsvariante
Die Schüler stellen in analoger Weise einen Erfolgskreislauf dar. Anschließend wird überlegt, wie sich verhindern lässt, dass der Erfolgskreislauf durchbrochen wird.

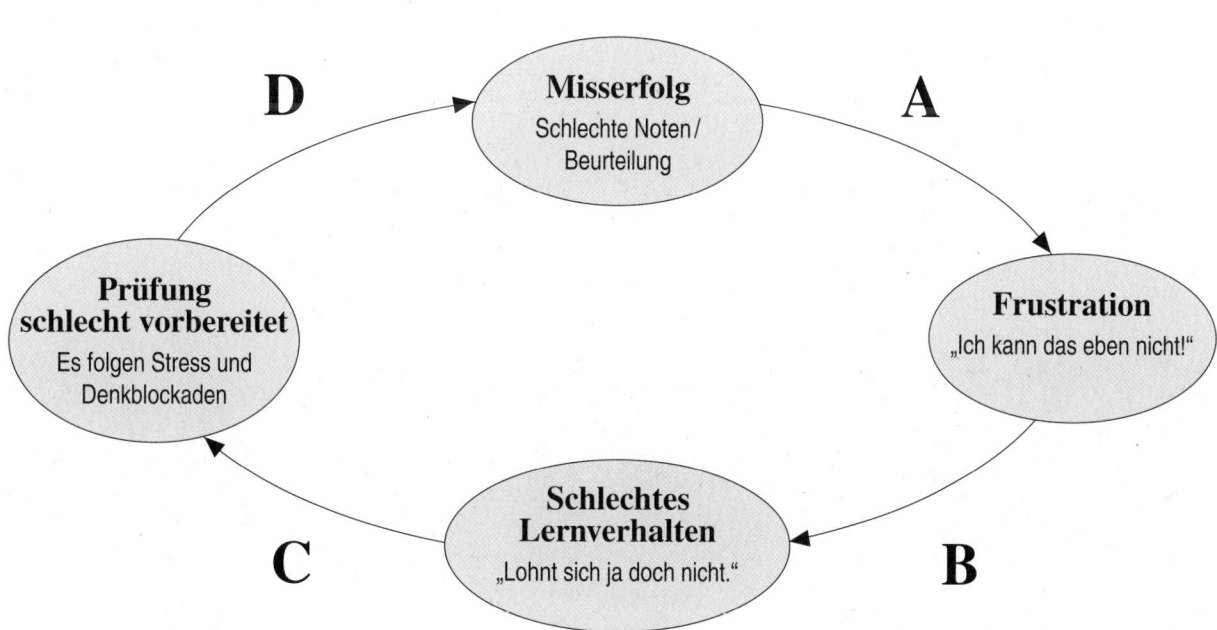

III Prüfungs- und Klassenarbeitsvorbereitung

Während einer Klassenarbeit

8 Sicherheitstipps für Klassenarbeiten

Altersgruppe	Zeitaufwand	Sozialform	Lautstärke	Lerneffizienz	Beliebtheit
Unterstufe	10–20 Min.	■	💣	💡💡	☺

Übungsziel
Die Schüler sollen lernen, wie sie sich vor und während einer Klassenarbeit am besten verhalten.

Material
1 Arbeitsblatt (Kopiervorlage auf Seite 87).

Beschreibung der Übung
Die Schüler erhalten ein Arbeitsblatt mit zwölf Tipps für Klassenarbeiten. Diese dienen als Grundlage für eine Diskussion zur Klassenarbeitsvorbereitung.

Übungsvariante
Jeder Schüler bildet von den angegebenen Sicherheitstipps eine Reihenfolge: Welcher Lerntipp ist für ihn am wichtigsten, auf welchen könnte er auch verzichten?

Sicherheitstipps für Klassenarbeiten

1. Beginne rechtzeitig (etwa drei bis vier Tage) vor der Klassenarbeit mit deiner Vorbereitung. Wenn du versuchst, den ganzen Stoff am Vortag zu lernen, bringst du dich nur durcheinander.

2. Trainiere dein Zeitgefühl für die Klassenarbeit! Bearbeite bei deinen Vorbereitungen auch Aufgaben in einer vorgegebenen Zeit. (*Tipp:* Wecker stellen!)

3. Den Vortag einer Klassenarbeit solltest du ausschließlich für Wiederholungen reservieren und nichts Neues mehr lernen. Auf keinen Fall solltest du an diesem Tag noch bis spät in die Nacht lernen. Beschäftige dich am Abend nur mit Dingen, die dir Spaß machen und dich von der Klassenarbeit ablenken.

4. Achte am Tag der Klassenarbeit darauf, dass du ausreichend frühstückst. Wer in einer Prüfung Hunger bekommt, wird sich kaum konzentrieren können.

5. Versuche nicht, noch am Tag der Klassenarbeit zu lernen. Dadurch verwirrst du dich nur.

6. Gehe Leuten aus dem Weg, die kurz vor der Prüfung nur über die Klassenarbeit reden.

7. Ziehe dir für deine Klassenarbeit deine Lieblingsklamotten an und nimm dir, wenn du willst, einen Glücksbringer mit.

8. Wenn du das Arbeitsblatt erhältst, lies dir erst einmal **alles** durch. So verschaffst du dir einen Überblick. Achte hierbei auch besonders auf die Aufgabenstellung und auf mögliche Hilfen im Text.

9. Beginne als Einstieg mit einer leichten Aufgabe. So gewinnst du Erfolgserlebnisse und erhältst Selbstvertrauen, später auch schwerere Aufgaben zu lösen.

10. Wenn du bei einer Aufgabe überhaupt nicht mehr weiter weißt, solltest du zur nächsten gehen und dich nicht an ihr festbeißen. (*Tipp:* Lasse eine Lücke, sodass du die Aufgabe später weiter bearbeiten kannst.)

11. Denke an genügend Pausen, in denen du den Stift aus der Hand legst und z. B. etwas trinkst oder eine Kleinigkeit isst. Auch bei einer einstündigen Klassenarbeit solltest du mindestens zwei Minuten für eine Pause reservieren.

12. Auch wenn du vor Ablauf der Zeit alle Aufgaben bearbeitet hast, solltest du trotzdem die Zeit nutzen, um alles noch einmal gründlich durchzulesen. Oft fallen einem fehlende Details und Lösungsmöglichkeiten plötzlich noch ein.

9 Leistungstest

Altersgruppe	Zeitaufwand	Sozialform	Lautstärke	Lerneffizienz	Beliebtheit
Unter- bis Oberstufe	10–20 Min.	••••	💣	💡	☺☺☺

Übungsziel
Die Schüler sollen daran erinnert werden, sich die Aufgaben einer Klassenarbeit zunächst einmal wirklich in Ruhe durchzulesen.

Material
1 Leistungstest (Unter- und Mittelstufe auf Seite 89, Oberstufe auf Seite 90).

Beschreibung der Übung
Nachdem im Unterrichtsgespräch das Verhalten während einer Klassenarbeit besprochen wurde, erhalten die Schüler vom Lehrer einen Test. Selbst wenn die Schüler in einem Vorgespräch ausdrücklich darauf hingewiesen wurden, erst alles durchzulesen, vergessen sie diesen Vorsatz in der Regel während einer Prüfungssituation. In dem Bedürfnis, möglichst viel zu leisten, werden die Schüler mit der Arbeit beginnen, ehe sie noch die Anweisungen bis zum Ende gelesen haben. Die Einsicht, zu schnell und unüberlegt gearbeitet zu haben, kommt bei diesem Test meist zu spät.

Bemerkungen
1. Wird der Grund des Tests elegant ausgemalt (z. B.: Schulleitung will sich mit diesem Test ein Bild über den Leistungsstand der einzelnen Schüler verschaffen), erzeugt man eine für den Test wichtige, richtig gespannte Klassenarbeitsatmosphäre.
2. Selbstverständlich werden Klassenarbeiten nicht in der Form des hier vorgestellten Leistungstests angeboten. Gleichwohl, viele Schüler lesen sich ein Aufgabenblatt zu Beginn einer Klassenarbeit nicht richtig durch, sondern fangen unmittelbar an. Es entsteht dann die Gefahr, dass sie zwar viel schreiben, u. U. aber die geforderten Aufgaben nur unzureichend oder gar nicht erfüllen oder wichtige Hilfen übersehen.

Lösungen des Tests für die Unter- und Mittelstufe
Paris / J. Rau / schmecken / 33 / Zugspitze / 12 / Ich lese gerade das Buch, das auf dem Tisch liegt. / 20

Lösungen des Tests für die Oberstufe
Säugetiere / H_2O / 1 % / unsere Galaxie / Hannibal / 1914 bis 1918 und 1939 bis 1945 / 1989 / H. Schmidt, H. Kohl, G. Schröder / W. Busch / Verdi / Springreiten / Erfurt

Name: _____

Leistungstest

Bei diesem Test wird das schnelle und genaue Arbeiten überprüft.
Du hast nur drei Minuten Zeit!

1. Lies dir bitte erst alle Aufgaben sorgfältig durch.
2. Schreibe deinen Vor- und Nachnamen oben auf dieses Blatt.

Fragenblock 1:

3. Wie heißt die Hauptstadt von Frankreich? _____
4. Wer wurde 1999 zum deutschen Bundespräsidenten gewählt? _____
5. Unterstreiche im folgenden Satz das Verb:
   Lutscher schmecken klasse!
6. Rechne im Kopf:
   $5 \cdot 3 + 3 \cdot 6 =$ _____

Fragenblock 2:

7. Wie heißt der höchste Berg in Deutschland? _____
8. Wie viele Kanten hat ein Würfel? _____
9. Ergänze im folgenden Satz das fehlende Komma:
   Ich lese gerade das Buch das auf dem Tisch liegt.
10. Rechne im Kopf:
    $121 : 11 + 9 =$ _____

11. Und nun, nachdem du alle Anweisungen sorgfältig gelesen hast, suche
    dir einen der beiden Fragenblöcke aus und beantworte nur diese Fragen.
    (Sollte dir diese Anweisung unverständlich sein, lies Anweisung 1. noch
    einmal sorgfältig durch.)

Name: _____

Leistungstest

Bei diesem Test wird das schnelle und genaue Arbeiten überprüft.
Sie haben nur drei Minuten Zeit!

1. Lesen Sie sich bitte erst alle Aufgaben sorgfältig durch.
2. Schreiben Sie Ihren Vor- und Nachnamen oben auf dieses Blatt.

Fragenblock 1:
Fragen zu Mathematik und Naturwissenschaften

3. Zu welcher Tiergruppe gehören die Wale? _____
4. Was ist die chemische Formel für Wasser? _____
5. Wie viel sind 10% von 10%? _____
6. Was versteht man unter der „Milchstraße"? _____

Fragenblock 2:
Fragen zur Geschichte

7. Welcher Feldherr ist zur Eroberung Roms mit Elefanten über die Alpen gezogen?
_____
8. Wann fanden die beiden Weltkriege statt? 1) _____ 2) _____
9. In welchem Jahr fiel die Berliner Mauer? _____
10. Nenne die letzten drei Bundeskanzler.
_____

Fragenblock 3:
Fragen zur Allgemeinbildung

11. Wer schrieb „Max und Moritz"? _____
12. Wer komponierte die Oper „Aida"? _____
13. Zu welcher Sportart gehört ein „Oxer"? _____
14. Wie heißt die Hauptstadt von Thüringen? _____

15. Und nun, nachdem Sie alle Anweisungen sorgfältig gelesen haben, suchen Sie sich einen der drei Fragenblöcke aus und beantworten nur diese Fragen.
(Sollte Ihnen diese Anweisung unverständlich sein, lesen Sie bitte Anweisung 1. noch einmal sorgfältig durch.)

Nach einer Klassenarbeit

10 Fehlerstatistik

Altersgruppe	Zeitaufwand	Sozialform	Lautstärke	Lerneffizienz	Beliebtheit
Unterstufe	10–20 Min.	••••	💣	💡	☺

Übungsziel
Die Schüler sollen aufgrund ihrer korrigierten Klassenarbeiten ihre Lücken erkennen, um diese durch gezielte Übungen schließen zu können.

Material
Pro Schüler eine Fehlerstrichliste (Kopiervorlage auf Seite 92).

Beschreibung der Übung
Die Schüler erhalten eine Fehlerstrichliste, in die sie in die linke Spalte verschiedene Fehlerarten eintragen können.

Beispiel für das Fach Deutsch:

Fehlerart	1. Arbeit	2. Arbeit	3. Arbeit	4. Arbeit
S-Laute				
Groß- und Kleinschreibung				
Kommafehler				

Bemerkung
Im Gegensatz zur Verbesserung werden die Fehler schnell und übersichtlich aufgeführt. Auf dieser Grundlage können die Schüler bei der nächsten Prüfungsvorbereitung gezielt ihre individuellen Problemgebiete angehen. Darüber hinaus kann die Fehlerentwicklung über mehrere Arbeiten verglichen und entsprechende Tendenzen festgestellt werden. Nicht die Note, sondern die Fehler und deren gezielte Beseitigung stehen dabei im Vordergrund.

III Prüfungs- und Klassenarbeitsvorbereitung P-10

Meine Fehlerstatistik

Klassenarbeit am: _____

im Fach: _____

Fehlerart	1. Arbeit	2. Arbeit	3. Arbeit	4. Arbeit	5. Arbeit	6. Arbeit

Mündliche Prüfungen

11 Regeln für mündliche Prüfungen

Altersgruppe	Zeitaufwand	Sozialform	Lautstärke	Lerneffizienz	Beliebtheit
Mittel- bis Oberstufe	30–40 Min.	■	💣	💡💡	☺

Übungsziel
Die Schüler sollen lernen, was bei einer mündlichen Prüfung zu beachten ist.

Material
Pro Schüler ein Arbeitsblatt (Kopiervorlage auf Seite 94).

Beschreibung der Übung
Die sieben Regeln für mündliche Prüfungen sollen als Diskussionsgrundlage zur Vorbereitung von mündlichen Prüfungen dienen.

Aufbaumöglichkeit
Allein gegen alle, Seite 95.

7 Regeln für mündliche Prüfungen

1. Übung gegen Nervosität
Es ist vollkommen normal, dass man bei einer mündlichen Prüfung aufgeregt ist. Die Nervosität lässt sich aber reduzieren, wenn du mündliche Prüfungen vorher z. B. mit Freunden geübt hast. (*Tipp:* Falls du eine Kamera zur Verfügung hast, kannst du dich aufnehmen und nachher selbst beurteilen!) So gewöhnst du dich schon etwas an die „besondere" Situation und bist später, wenn es darauf ankommt, nicht mehr so aufgeregt.

2. Klamotten zum Wohlfühlen
Da Prüfungen in der Regel nicht sehr angenehm sind, solltest du dir zumindest die Kleidung auswählen, in der du dich wohl fühlst.

3. Alles im Blick
Mit einem sicheren Auftreten wirken Antworten überzeugender auf die Prüfer.
Dies erreichst du durch
- eine sichere Körperhaltung (fest auf beiden Beinen stehen und nicht herumwackeln!),
- eine ausreichend deutliche und laute Stimme (*Tipp:* Mit Freunden üben!),
- den direkten Blick zu den Prüfern.
  (*Tipp:* Wenn es dir unangenehm ist, den Prüfern direkt in die Augen zu schauen, kannst du einfach knapp über sie hinweg schauen.)

4. Einfache Antworten
Die Fragen einer mündlichen Prüfung sind in der Regel einfacher als in einer schriftlichen Prüfung. Entsprechend sollten auch deine Antworten nicht zu kompliziert, sondern einfach und strukturiert sein.
Besonders einfach sind in der Regel die ersten Fragen der Prüfer. Nutze diese Chance, um ein Gespräch mit den Prüfern aufzubauen. Gib keine zu knappen Antworten!

5. Schweigen verboten
Wenn du auf eine Frage keine Antwort weißt, denke laut, was dir zu der Frage einfällt. So bleibt das Gespräch im Gang und die Prüfer haben die Möglichkeit, dir zu helfen.

6. Die Prüfung selbst steuern
Wenn man geschickt und behutsam vorgeht, lässt sich manchmal eine Prüfung auf ein bestimmtes Themengebiet lenken. Natürlich müssen hier die Prüfenden auch „mitspielen"; andererseits sind sie gerade bei festgelaufenen Prüfungen dankbar, wenn man ihnen solche „Hilfen" anbietet.

7. Wenn nichts mehr geht
Wenn du nicht mehr weiter weißt oder wenn du an den Gesichtern deiner Prüfer ablesen kannst, dass deine Antworten in die falsche Richtung führen, frage nach:
„Ich bin mir nicht sicher, aber ich glaube, es könnte ungefähr so sein, dass...", „Wollen Sie von mir hören, wie..." oder „Meinen Sie die Frage bezüglich...".
Auf keinen Fall solltest du die Schuld auf andere schieben. Äußerungen, wie „Das haben wir im Unterricht aber nicht behandelt!" oder „Das hat im Unterricht doch keiner verstanden!", helfen (auch wenn sie richtig sind!) kaum.

12 Allein gegen alle

Altersgruppe	Zeitaufwand	Sozialform	Lautstärke	Lerneffizienz	Beliebtheit
Mittel- bis Oberstufe	30–40 Min.	■	💣💣	💡💡	☺☺

Übungsziel
Die Schüler sollen die Nervosität vor mündlichen Prüfungen verlieren.

Material
Pro Schüler ein Beobachtungsbogen (Kopiervorlage auf Seite 96).

Beschreibung der Übung
Die Klasse wird in Gruppen zu je fünf (vier) Schülern eingeteilt, wobei
- zwei Schüler die Rolle des Prüfers,
- zwei (ein) Schüler die Rolle des Beobachters übernehmen und
- ein Schüler die Rolle des Prüflings übernimmt.

Die beiden Prüfer bereiten Fragen zu einem vorher vereinbarten Thema vor. Anschließend findet eine fiktive Prüfung statt, die zu Beginn nicht länger als fünf Minuten dauern sollte. Während der Prüfung halten (hält) die (der) Beobachter ihre (seine) Eindrücke auf einem Beobachtungsbogen fest.
Nach der Prüfung findet ein Auswertungsgespräch statt, in dem alle Beteiligten ihre Beobachtungen schildern. Hierbei sollte u. a. auch zur Sprache kommen,
- wie der Prüfling auf die Prüfer gewirkt hat,
- wie der Prüfling bei Fragen reagiert hat, die er nicht beantworten konnte,
- welche Momente der Prüfling während der Prüfung als beruhigend oder eher unangenehm empfunden hat.

Nach dem Auswertungsgespräch finden weitere Prüfungsrunden mit vertauschten Rollen statt.

Bemerkungen
1. Bei den ersten Prüfungen kann man vereinbaren, dass der Prüfling das Thema selbst auswählen darf.
2. Als Vorbereitung auf seine „Prüfung" kann sich der Prüfling selbst Fragen zum gewählten Thema überlegen.
3. Bei kleinen Klassen kann es insbesondere für den Prüfling sehr hilfreich sein, wenn die Prüfung mit einer Kamera aufgenommen wird. Da hierdurch die Besprechungszeit meist deutlich zunimmt, lässt sich dieses Verfahren in größeren Klassen nur schwer durchführen.

Beobachtungsbogen: Mündliche Prüfung

Erscheinungsbild während der Prüfung			
Auftreten	unsicher	①―②―③―⑤―⑥―④―⑤―⑥ ankreuzen	sicher
Bemerkungen:			
Blick	unsicher	①―②―③―⑤―⑥―④―⑤―⑥ ankreuzen	sicher
Bemerkungen:			
Haltung	unsicher	①―②―③―⑤―⑥―④―⑤―⑥ ankreuzen	sicher, selbstbewusst
Bemerkungen:			
Gestik	zu viel / zu wenig	①―②―③―⑤―⑥―④―⑤―⑥ ankreuzen	angemessen
Bemerkungen:			
Mimik	zu viel / zu wenig	①―②―③―⑤―⑥―④―⑤―⑥ ankreuzen	angemessen
Bemerkungen:			
Sprechweise	undeutlich	①―②―③―⑤―⑥―④―⑤―⑥ ankreuzen	deutlich
Bemerkungen:			
Lautstärke	zu laut / zu leise	①―②―③―⑤―⑥―④―⑤―⑥ ankreuzen	angemessen
Bemerkungen:			
Sprechtempo	zu schnell / zu langsam	①―②―③―⑤―⑥―④―⑤―⑥ ankreuzen	angemessen
Bemerkungen:			

Verhalten während der Prüfung			
Antworten	abschweifend	①―②―③―⑤―⑥―④―⑤―⑥ ankreuzen	präzise, klar
Bemerkungen:			
Aufbau der Antworten	unstrukturiert	①―②―③―⑤―⑥―④―⑤―⑥ ankreuzen	strukturiert
Bemerkungen:			
bei Rückfragen	verunsichert	①―②―③―⑤―⑥―④―⑤―⑥ ankreuzen	sicher
Bemerkungen:			
bei Schwierigkeiten	verunsichert	①―②―③―⑤―⑥―④―⑤―⑥ ankreuzen	geschickt
Bemerkungen:			

Ideen für den Unterricht

Bei der Vorbereitung einer Klassenarbeit ist das selbstständige Lernen unbedingt erforderlich. Aus diesem Grund bietet es sich an, das Kapitel „Prüfungs- und Klassenarbeitsvorbereitung" gegen Ende des Lerntechnik-Unterrichts zu behandeln.

Wie in der Einleitung des Kapitels beschrieben, verbinden viele Schüler mit einer Klassenarbeit einen gewissen Respekt, manche haben sogar regelrecht Angst oder gar Panik, die die Lernleistung stark beeinträchtigt. Bei der Besprechung dieser Blockaden muss beachtet werden, dass es manchen Schülern schwer fällt, eigene Ängste vor Mitschülern zu äußern. Gelingt dies aber, so kann sich das für den Schüler und für das Schüler-Lehrer-Verhältnis positiv auswirken.

Unter- und Mittelstufe

Als Einstieg in das Thema „Klassenarbeit" bietet sich z. B. der *Leistungstest* (Übung P-9, auf Seite 88) an. Hierbei wird den Schülern verdeutlicht, wie groß das Leistungsbedürfnis während einer Prüfungssituation ist. Auch wenn mehrfach der Hinweis gegeben wurde, erst den ganzen Text in Ruhe durchzulesen, und dieser zudem als oberste Anweisung in schriftlicher Form vorliegt, wird er einfach übergangen.

Im anschließenden Gespräch wird geklärt, wo die Schwierigkeiten bei einer Klassenarbeit liegen. Sehr häufig zeigt sich, dass sich die Prüfungsnervosität durch eine gute Vorbereitung reduzieren lässt. Mithilfe der *Wiederholungsrallye* (Übung P-2, Seite 79) kann für eine anstehende oder fiktive Klassenarbeit konkret geübt werden.

Anhand des in Kapitel „Hausaufgaben, selbstständiges Arbeiten" erarbeiteten *Konzentrationstests I* (H-4, Seite 48) wird verständlich, dass sich beispielsweise drei Wiederholungen von je 30 Minuten nicht gleichwertig durch eine Wiederholung von 90 Minuten ersetzen lässt, bei der die Gefahr des Überlernens besteht. Eine Leistungskurve bei längerem Lernen verdeutlicht dies (vgl. Abbildung).

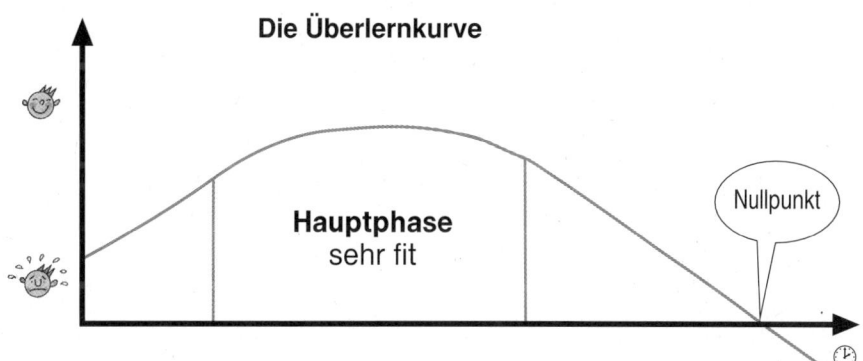

Der Nullpunkt der Kurve symbolisiert den Moment, ab dem keine weiteren Informationen mehr aufgenommen werden können. (Als typisches Beispiel kann an dieser Stelle das Überlesen genannt werden: Bei Übermüdung muss man am Ende eines Absatzes feststellen, dass man zwar jedes Wort mit den Augen wahrgenommen hat, dass man aber dennoch den Inhalt des Textes nicht wiedergeben kann.) Jedes Weiterlernen über diesen Punkt hinaus verunsichert allenfalls den Lernenden.

Bei der Besprechung der *Wiederholungsrallye* mag es für einige Schüler der Unterstufe neu sein, Schulstoff mit Klassenkameraden zu wiederholen. Dann bietet sich ein Erfahrungsaustausch mit Hinweisen an, worauf man beim Lernen in der Gruppe achten sollte.

Der Tag vor einer wichtigen Prüfung nimmt bei der Vorbereitung einen besonderen Stellenwert ein: Bei vielen Schülern setzt hier eine erste Nervosität ein, wodurch die Lern- und Konzentrationsfähigkeit sinkt. Die Gedanken wandern vom Lernstoff immer wieder zur Prüfungssituation. Folglich sollten in dieser Lernphase vor der Prüfung nicht mehr neue Lerninhalte angegangen, sondern lediglich der bereits gelernte Stoff wiederholt werden.

Um den jüngeren Schülern die Schwierigkeiten, die aus Ängsten während einer Klassenarbeit entstehen, transparent zu machen, kann beispielsweise folgender Vergleich mit einem verängstigten Tier gewählt werden:

Fühlt sich eine Katze bedrängt, so reagiert sie entweder mit Flucht oder Angriff (auch wenn der Gegner deutlich überlegen ist). Da langes Nachdenken in dieser Situation unangebracht ist, hat die Natur das Denken in Angstsituationen blockiert.

Auch den jüngeren Schülern wird so verständlich, dass dieses Verhalten in der Natur durchaus zweckmäßig ist. Das Problem ergibt sich erst dadurch, dass wir ähnliche Verhaltensmuster aufweisen; auch unser Denken wird in Angst- und Stresssituationen blockiert. Nur sind die beiden Reaktionsmöglichkeiten der Katze für Schüler während einer Klassenarbeit äußerst unangebracht.

Einziger Ausweg bleibt die sinnvolle Beschäftigung mit der Prüfungsangst. Sie darf nicht heruntergeredet oder gar ignoriert werden. Lernen die Schüler, dass sie mit den Ängsten nicht alleine dastehen, so können sie bereits besser mit ihr umgehen. Ein Erfahrungsaustausch mit Ängsten kann z.B. in einer Diskussion oder auch mithilfe des *Prüfungs-Checks* (P-1 auf Seite 77) durchgeführt werden. Bei Bedarf können die Schüler aufgefordert werden, alle negativen Folgen, die durch eine missratene Klassenarbeit entstehen können, schriftlich aufzulisten. Hierdurch wird ihnen bewusst, dass schlechte Noten – speziell in den unteren Klassen – in der Regel kaum schlimme Konsequenzen nach sich ziehen, sondern vielmehr der Orientierung für den aktuellen Leistungsstand dienen.

Als Hilfe bei der Vorbereitung von Klassenarbeiten können ferner die *Sicherheitstipps für Klassenarbeiten* (P-8, Seite 86) besprochen werden. Die Vorbereitung einer Klassenarbeit mithilfe eines *Spickzettels* (P-6, Seite 84) sollte hingegen vor einer richtigen Klassenarbeit geübt werden.

Oberstufe

Besonderheiten in der Mittel- und Oberstufe

Im Lerntechnikunterricht für die höheren Klassen zum Thema „Klassenarbeiten" müssen neben den genannten Schwierigkeiten aus den unteren Kassen folgende Problemfelder mitbeachtet werden:

1. Die Vorbereitungszeit für eine Prüfung (besonders bei Abschlussprüfungen) nimmt deutlich zu. Es ist folglich eine längerfristige Planung notwendig.
2. Die Schüler werden nicht nur schriftlich, sondern auch mündlich geprüft.
3. Schlechte Prüfungsnoten ziehen schwerwiegendere Folgen nach sich, wodurch das Thema „Prüfungsangst" stärker berücksichtigt werden muss.

Unterrichtsverlauf

Als Einstieg in das Thema „Klassenarbeit" bietet sich neben dem *Leistungstest* für die Oberstufe (Übung P-9, Seite 88) auch der *Prüfungs-Check* (Übung P-1, Seite 77) als Diskussionsgrundlage an. Im Gespräch wird anschließend geklärt, wo die Schwierigkeiten bei der Vorbereitung einer Klassenarbeit liegen.

Gerade in der Oberstufe fällt es vielen Schülern schwer, rechtzeitig mit den Vorbereitungen zu beginnen. Aus diesem Grund wird (z.B. für eine Abschlussprüfung) ein Prüfungsplan gemeinsam in der Klasse erstellt, der wie das *Hausaufgabenheft I* (H-13, Seite 69) aufgebaut ist. Mit ihm kann später immer wieder überprüft werden, ob die Zeitpläne von den Schülern eingehalten werden. Eventuell muss überlegt werden, wie der Prüfungsplan an die neue Situation angepasst werden kann.

Bei der Erstellung der Vorbereitungspläne werden die Schüler auf folgende Punkte aufmerksam gemacht:
- Teilschritte der Planung werden übersichtlich mit Zeitangaben festgehalten.
- Die verschiedenen Vorbereitungsphasen (Bestandsaufnahme, Erarbeitung, Festigung) werden bei der Planung berücksichtigt.
- Um während der Vorbereitung eine Rückmeldung über den eigenen Leistungsstand zu erhalten, gewinnt die Gruppenarbeit an Gewicht. Ideal ist ein stetiger Wechsel zwischen Einzel- und Gruppenarbeit. Bei Bedarf wird das Arbeitsblatt *Organisation einer Lerngruppe* (Übung H-10, Seite 64) eingesetzt.

Schüler, die Prüfungen unter besonderen Rahmenbedingungen (neuer Raum, andere Arbeitszeiten) ablegen, sollten sich mit diesen im Vorfeld vertraut machen. Das lässt sich beispielsweise durch eine oder mehrere Probeprüfungen durchführen.

Da Schüler der Oberstufe kurz vor einer Prüfung häufig zum Überlernen neigen, sollte diese Gefahr (wie im Unterrichtsvorschlag für die Unter- und Mittelstufe dargelegt) angesprochen werden.

Mündliche Prüfungen unterscheiden sich erheblich von schriftlichen. Auch wenn die Noten einer mündlichen Prüfung häufig nicht den Stellenwert einer schriftlichen haben, so besitzen doch viele Schüler einen großen Respekt vor ihr. Eine Ursache hierfür liegt vermutlich darin begründet, dass die Schüler dieser Prüfungsform in der Regel erst bei den Abschlussprüfungen begegnen. Folglich sollte man sich für die Vorbereitung einer mündlichen Prüfung ausreichend Zeit nehmen. Die Vorbereitung kann mit den Übungen *Regeln für mündliche Prüfungen* (P-11, Seite 93) und *Allein gegen alle* (P-12, Seite 95) durchgeführt werden.

IV Lerntechnik-AG

Damit ineffektive Lerntechniken möglichst frühzeitig verbessert werden, bietet sich der Lerntechnik-Unterricht besonders in den ersten Jahren der weiterführenden Schulen an. Neue Fächer, die Einführung einer Fremdsprache und der Übergang zum Fachlehrerprinzip führen zwangsläufig zu einer Lernumstellung, bei der ein Lerntechnik-Unterricht unterstützend eingreifen kann. Die unteren Klassen bieten zudem den Vorteil, dass hier erfahrungsgemäß die Gesprächsbereitschaft der Schülerinnen und Schüler am größten ist. Mit zunehmendem Alter der Schülerinnen und Schüler hängt der Erfolg eines Lerntechnik-Unterrichts stark von einer vertrauensvollen Schüler-Lehrer-Beziehung ab. Die Bereitschaft, etwas Neues über das Lernen zu erfahren, nimmt dann (verständlicherweise) kurz vor wichtigen Prüfungen wieder zu.

Für die Vermittlung von Lerntechniken gibt es im Wesentlichen zwei Möglichkeiten: Zum einen kann der Unterricht vom jeweiligen Lehrer in den laufenden Fachunterricht eingeflochten werden, zum anderen kann er in einer eigenen Lerntechnik-AG durchgeführt werden.

Die erste Form des Lerntechnik-Unterrichts ermöglicht es dem Lehrer, die Häufigkeit und Dauer des Lerntechnik-Unterrichts sehr variabel zu gestalten. So kann sich der Unterricht über einen langen oder auch sehr kurzen, aber intensiven Zeitraum erstrecken. Der Lehrer kann gemeinsam mit den Schülerinnen und Schülern nach jeder Stunde besprechen, wann und in welcher Art der Unterricht fortgesetzt wird. Weiterhin kann er die Themen den jeweiligen Erfordernissen anpassen: Klassenarbeiten und Prüfungsängste können zu einer Zeit behandelt werden, in der sich hier ein besonderer Bedarf abzeichnet. Da der Lehrer die Schülerinnen und Schüler über das gesamte Jahr unterrichtet, kann er erzielte Lernfortschritte gut verfolgen und bei eintretenden Lernschwierigkeiten immer wieder helfend eingreifen.

Als weiterer Vorteil dieses Lerntechnik-Unterrichts zeigt sich in vielen Fällen, dass das Schüler-Lehrer-Verhältnis oft positiv beeinflusst werden kann.

Allerdings besitzt der Lerntechnik-Unterricht im Fachunterricht auch einige Nachteile. So sind die Rahmenbedingungen, wie Gruppengröße oder -zusammensetzung sowie Unterrichtszeiten, meist festgelegt. Hinzu kommt, dass sich mitunter Schüler scheuen, gegenüber ihrem Lehrer Schwächen und Ängste (oder auch Stärken) zu äußern. Der Austausch von Lernerfahrungen, auch und gerade über Lernprobleme, stellt aber einen wesentlichen Bestandteil des Lerntechnik-Unterrichts dar. Ferner muss bedacht werden, dass die Zeit des Lerntechnik-Unterrichts dem Fachunterricht nicht mehr zur Verfügung steht, sodass u. U. zeitliche Probleme entstehen können. Hier liegen die Vorteile einer isolierten Lerntechnik-AG.

Wird die AG von einem Lehrer durchgeführt, der sonst nicht in der Klasse unterrichtet, kann er als „Außenstehender" (ohne Notenbuch) allein die Rolle des Helfenden einnehmen. So sind die Voraussetzungen für ein positives und konstruktives Arbeiten geschaffen.

Vor dem Start einer Lerntechnik-AG sollte mit den Schülerinnen und Schülern (ggf. bei jüngeren Schülerinnen und Schülern auch mit den Eltern) ein Vorgespräch geführt werden. In ihm werden die Schülerinnen und Schüler darauf hingewiesen, dass der Lerntechnik-Unterricht zu Beginn mit einigen Mühen verbunden sein wird, dass sich diese Mühen aber später, nach einer Eingewöhnungszeit auszahlen werden. Den Schülerinnen und Schülern muss deutlich werden, dass eine Lerntechnik-AG keine „Berieselung" mit Lerntricks ist, mit denen gute Noten ohne Anstrengung garantiert werden können, sondern dass der Unterricht die Bereitschaft der Schülerinnen und Schüler erfordert, sich neuen Lernmethoden zu öffnen.

Mit den Eltern können einzelne Lerntechniken besprochen werden, sodass auch sie über das veränderte Lernverhalten ihrer Kinder informiert sind.

Als Vorbereitung auf die Lerntechnik-AG können die Schülerinnen und Schüler einen Einstiegsfragebogen ausfüllen, in dem sie sich Gedanken über ihr Lernverhalten und ihre Lernziele machen. Die Kopiervorlage eines möglichen Einstiegsfragebogens findet sich auf Seite 102.

Als günstige Gruppengröße haben sich zehn bis 15 Schüler pro Gruppe erwiesen. Diese Schülerzahlen sind zum einen nicht zu klein, sodass in einer Diskussion ein wirklicher Erfahrungsaustausch stattfinden kann, zum anderen bieten sie dem Lehrer genügend Raum, um auf den Einzelnen einzugehen.

Bei der Gruppenzusammensetzung ist es nicht unbedingt erforderlich, dass die Teilnehmer aus einer Klasse stammen. Vielfach hat sich sogar herausgestellt, dass die Heterogenität (teilweise auch aus verschiedenen Jahrgangsstufen) die Diskussionsbereitschaft der Schülerinnen und Schüler steigert.

Als Zeitrahmen können fünf bis zehn Doppelstunden gewählt werden. Die Wahl von über zehn Doppelstunden wäre für einen intensiven Lerntechnik-Kurs sicher wünschenswert, kann aber auf einige Schülerinnen und Schüler aufgrund der anfänglichen Mehrarbeit abschreckend wirken.

Damit die Schülerinnen und Schüler das Gelernte auch nach dem Kurs nachschlagen können, ist die Führung einer Kursmappe hilfreich.

Schließlich wäre es sinnvoll, nach einer Zeit von einem halben oder ganzen Jahr ein Rückmeldegespräch mit den Teilnehmern zu führen. Welche Lerntipps haben sich bewährt, welche mussten verworfen werden? Die Kopiervorlage eines möglichen Rückmeldebogens findet sich auf Seite 103.

Das Lernen auf dem Prüfstand

Kreuze an, inwieweit die folgenden Aussagen für dich zutreffen.

Persönliche Einschätzung	Trifft zu	Trifft zum Teil zu	Trifft nicht zu
Ich erledige meine Hausaufgaben häufig nur unvollständig.	○	○	○
Ich schiebe die Erledigung meiner Hausaufgaben gerne hinaus.	○	○	○
Für die Erledigung meiner Hausaufgaben erstelle ich mir in der Regel einen Plan, nach dem ich vorgehe.	○	○	○
Mündliche Hausaufgaben erledige ich meistens zum Schluss.	○	○	○
Ich lasse mich bei den Hausaufgaben leicht ablenken.	○	○	○
Meine Hausaufgaben erledige ich an einem festen Platz.	○	○	○
Bei den Hausaufgaben höre ich gerne Musik.	○	○	○
Hausaufgaben erledige ich gerne mit Freunden.	○	○	○
Pausen gehören bei der Erledigung der Hausaufgaben als fester Bestandteil dazu.	○	○	○
Das Lernen von Vokabeln fällt mir ziemlich schwer.	○	○	○
Einzelfakten (Vokabeln, Formeln, Daten) kann ich mir nur für sehr kurze Zeit merken.	○	○	○
Es fällt mir schwer, mich richtig auf eine Prüfung vorzubereiten.	○	○	○
Bei einer Klassenarbeit gerate ich leicht in Panik. Dann vergesse ich Dinge, obwohl ich sie vorher gründlich gelernt habe.	○	○	○
Ich lasse mich leicht durch Misserfolge und schlechte Noten entmutigen.	○	○	○
Wenn mich ein Fach (oder ein Lehrer/eine Lehrerin) richtig begeistert, kann ich sehr viel leisten.	○	○	○
Über das Lernen habe ich mir (allein oder mit anderen) schon oft Gedanken gemacht.	○	○	○

Aus welchem Grund willst du an der Lerntechnik-AG teilnehmen?

_____

_____

Welcher Lernbereich ist für dich besonders wichtig?

_____

_____

Rückmeldung zur Lerntechnik-AG

Kreuze an, inwieweit die folgenden Aussagen für dich zutreffen.

Persönliche Einschätzung	Immer / sehr oft	Manchmal	Selten / nie
Benutzt du einen Lernkarteikasten?	○	○	○
Machst du Merkposter oder hängst du Kärtchen in der Wohnung auf?	○	○	○
Lernst du Vokabeln in Portionen von 7–10 Stück?	○	○	○
Wiederholst du Vokabeln oder anderen Lernstoff regelmäßig?	○	○	○
Erstellst du einen Plan, bevor du mit den Hausaufgaben beginnst?	○	○	○
Wechselst du die Fächer bei der Erledigung der Hausaufgaben bewusst ab? (Z. B. Mathe – Englisch – Bio – Franz …)	○	○	○
Hörst du Musik während der Hausaufgaben?	○	○	○
Bereitest du dich auf Klassenarbeiten rechtzeitig vor?	○	○	○
Machst du während der Klassenarbeiten kleine Denkpausen?	○	○	○
Wertest du Klassenarbeiten mithilfe einer Fehlerstatistik aus?	○	○	○
Informierst du dich nach der Lerntechnik-AG weiter über Lerntechniken (Freunde / Lehrer / Bücher / Filme)?	○	○	○

Was hat sich sonst noch verändert, seitdem du die Lerntechnik-AG besuchst?

_____

_____

_____

_____

Was könnte man an der Lerntechnik-AG verbessern?

_____

_____

_____

_____

V Literatur zum Lerntechnik-Unterricht

Arbeitsgemeinschaft Lernmethodik, Studienhaus St. Blasien: **So macht Lernen Spaß.**
   Weinheim: Beltz-Verlag, 1987.

Birkenbihl, Vera F.: **Stroh im Kopf.** Speyer: Gabal-Verlag, 1983.

Correl, Werner: **Lernschwächen und Leistungsstörungen erkennen und überwinden.**
   Müchen/Landsberg am Lech: MVG-Verlag.

Dorn, M.; Eckhart, M.; Thieme, A.: **Lernmethodik in der Grundschule.**
   Weinheim: Beltz-Verlag, 2002.

Endres, W. et al.: **Mündlich: gut.** Weinheim: Beltz-Verlag, 1991.

Endres, W.; Bernard, E.: **So ist Lernen klasse.** München: Kösel, 1989.

Endres, W.; Bernard, E.: **Voll bei der Sache.** München: Kösel, 1994.

Endres, Wolfgang; Althoff, Dirk: **Das Anti-Pauk-Buch.** Weinheim: Beltz-Verlag, 1997.

Horst, Uwe.; Ohly, Karl Peter: **Lernbox, Lernmethoden – Arbeitstechniken.**
   Selzer/Velber: Friedrich Verlag, 2000.

Hülshoff, F.; Kaldewey, R.: **Training. Erfolgreich lernen und arbeiten.**
   Stuttgart: Klett Verlag, 1999.

Kasper, Horst: **Kreative Schulpraxis.** München: Lexika-Verlag.

Kleiner, Birgit; Hirmer, Claudia; Paul, Petra; Paul, Thomas: **Lernen lernen.**
   Neuried: Care-Line-Verlag, 1996.

Klippert, Heinz: **Methoden-Training.** Weinheim: Beltz-Verlag, 2002.

Kohler, Britta: **Hausaufgaben.** Weinheim: Beltz-Verlag, 1989.

Kolossa, Bernd: **Methodentrainer.** Berlin: Cornelsen Verlag, 2000.

Kowalczyk, Walter; Ottich, Klaus: **Erfolgreich in der Schule.**
   Reinbek: Rowohlt Taschenbuch Verlag, 1997.

Kroll, Sibylle: **Richtig lernen, Tipps und Lernstrategien für die Klassenstufen 5 bis 7.**
   Freising: Stark-Verlag, 1998.

Kroll, Sibylle: **Richtig lernen, Tipps und Lernstrategien für die Oberstufe.**
   Freising: Stark-Verlag, 1999.

Leitner, Sebastian: **So lernt man lernen.** Freiburg: Herder-Verlag, 1997.

Miller, Reinhold: **Lern-Wanderung.** Weinheim: Beltz-Verlag, 2001.

Realschule Enger: **Lernkompetenz I und II, Bausteine für eigenständiges Lernen.**
   Berlin: Cornelsen Verlag, 2001.

Schmitt-Hartmann, Reinhard: **Methodik.** Weinheim: Beltz-Verlag, 1995.

Schober, Reinhard: **Besser konzentrieren.** München: Humboldt-Verlag, 1992.

Schräder-Naef, Regula: **Der Lern-Trainer für die Oberstufe.** Weinheim: Beltz-Verlag, 1988.

Schräder-Naef, Regula: **Lerntraining in der Schule.** Weinheim: Beltz-Verlag, 2002.

Schräder-Naef, Regula: **Rationeller Lernen lernen.** Weinheim: Beltz-Verlag, 1971.

Schräder-Naef, Regula: **Schüler lernen Lernen.** Weinheim: Beltz-Verlag, 1987.

Thieme, Alfred: **Konzentration.** Weinheim: Beltz-Verlag, 1993.

Thieme, Alfred: **Motivation.** Weinheim: Beltz-Verlag, 1996.